110 Jahre kommunale Versorgung in Prenzlau – 1899 bis 2009

PETRA DOMKE

UNTER VERWENDUNG VON ARCHIVMATERIAL
DER STADTWERKE PRENZLAU GMBH

PrenzLauer Lebensadern

110 Jahre kommunale Versorgung in Prenzlau

HERAUSGEGEBEN VON DER
STADTWERKE PRENZLAU GMBH

KULTURBILD VERLAG MARKUS HOEFT, 2010

Kulturbild
Verlag

„Prenzlauer Lebensadern"

Die Geschichte der kommunalen Versorgungswirtschaft

Prenzlauer Lebensadern erzählt die Geschichte der kommunalen Versorgungswirtschaft in der uckermärkischen Stadt Prenzlau. Bereits seit mehr als einem Jahrhundert können sich die Prenzlauer Bürger darauf verlassen, dass frisches, sauberes Trinkwasser aus dem Wasserhahn fließt, dass mit Gas geheizt und gekocht werden kann, dass Strom die verschiedensten Haushaltshelfer antreibt und dass mit einem Dreh am Thermostaten so viel Wärme den Raum erfüllt, wie gewünscht. Man betätigt einen Schalter und holt sich die Sonne und sogar die Welt ins Haus, man drückt einen Knopf und alle schmutzigen Abwässer verschwinden wie von Geisterhand im Nichts. Selbstverständlichkeiten. Wenn das Wasser, der Strom, das Gas oder die Wärme aus welchen Gründen auch immer einmal wegbleiben, denkt man vielleicht an jene, die tagaus, tagein dafür sorgen, dass die Leitungen durchlässig sind, die Rohre nicht platzen, die Kabel unter Spannung stehen – dass eben alle Lebensadern der Stadt störungsfrei funktionieren – an die Mitarbeiter im kommunalen Versorgungsunternehmen.

In den über einhundert Jahren wechselte die Zuständigkeit der Versorgung mit Wasser oder Energie. Doch unbeschadet dessen, welchen gesellschaftlichen oder rechtlichen Veränderungen die kommunale Versorgung unterworfen war, die Mitarbeiter in den Betrieben, Betriebsteilen oder Unternehmen handelten im Dienste der Prenzlauer Bürger.

Im vorliegenden Buch wurde die spannende Geschichte der Versorgungswirtschaft mit Worten und Bildern eingefangen. Die Geschichte der kommunalen Versorgung ist untrennbar mit der gesellschaftlichen Entwicklung und dem technischen Fortschritt verbunden. Die vielen beteiligten Menschen mit ihren Erlebnissen und Erinnerungen kommen als Zeitzeugen zu Wort.

Ich lade Sie ein zu einem Streifzug durch die letzten 110 Jahre. Es wird ein Bogen gespannt von den Anfängen der Versorgung über Interessantes aus der Stadtgeschichte, eine aufregende Technikgeschichte, viele historische Fakten am Rande bis hin zur modernen Versorgungsdienstleistung der Stadtwerke Prenzlau. Denn die kommunale Versorgungswirtschaft steht vor der Herausforderung, die langlebigen technischen Systeme an die neuen Bedingungen anzupassen und dabei jederzeit Ressourcenschutz und Versorgungssicherheit für die Bürger zu gewährleisten.

Mit dieser Publikation soll nicht zuletzt der historische Hintergrund beleuchtet werden, vor dem sich die Versorgungswirtschaft aus bescheidenen Anfängen zu einer serviceorientierten und innovativ agierenden Branche entwickelt hat, deren Produkte und Angebote für unsere moderne Zivilisation unverzichtbar geworden sind. Lassen Sie sich überraschen, was die umfangreiche Thematik, hier symbolisch mit Prenzlauer Lebensadern umschrieben, zu bieten hat.

Harald Jahnke
Geschäftsführer der
Stadtwerke Prenzlau GmbH

Inhalt

1899 bis 1945

Beginn der städtischen Versorgungswirtschaft

Die Stadt Prenzlau blickt auf eine 775 Jahre alte, an Ereignissen reiche Historie zurück. Ob man das Wahrzeichen der Stadt – die mächtige zweitürmige Marienkirche, eines der bedeutendsten norddeutschen Backsteinbauwerke, in der 1632 der gefallene Schwedenkönig Gustav Adolf aufgebahrt wurde – oder wie im Bild, den alten Marktplatz betrachtet, überall erinnern erhaltene Mauern oder Pflastersteine an die wechselvolle Geschichte der Stadt am Uckersee. Vor allem entlang der historischen Stadtmauer, an ihrem Durchgang zum See, Wasserpforte genannt, und an den noch vorhandenen Tortürmen des Blindower Tores (auch Stettiner Tor), des Steintores (auch Schwedter Tor) sowie des Mitteltorturms lassen sich Impressionen aus der Stadtgeschichte einfangen.

Prenzlau
Marktkonzert

Anfänge der Trinkwasserversorgung und Abwasserentsorgung

Am Brunnen vor der Stadt

Neustadt

Der Brunnen in der Neustadt am Anfang des 20. Jahrhunderts

Auf der Erde existieren schätzungsweise 1,4 Milliarden Kubikkilometer Wasser. Mehr als 97 Prozent davon sind salzhaltiges Meerwasser und für den Menschen nicht direkt als Trinkwasser zu verwenden. Da über zwei Prozent des Wassers als Eis gebunden sind, bleiben für den Menschen lediglich bescheidene 0,6 Prozent Süßwasser zum Genießen.

Wasser ist Leben. Neben seiner Bedeutung als Lebensmittel Nr.1 ist Wasser Lebenselixier und Lebensraum für viele Lebewesen. Ohne Wasser wäre das Leben für Pflanzen, Tiere und Menschen unmöglich.

Für die Wasserbilanz eines Gebietes muss der gesamte Wasserhaushalt betrachtet werden, der im Wesentlichen durch die Größen Niederschlagshöhe, gebietsbezogene Zu- und Abflussmenge sowie Verdunstung repräsentiert wird. Aus diesen Daten lassen sich die erneuerbare oder interne Wasserressource und das potenzielle Wasserdargebot ermitteln. So gibt z.B. das potenzielle Wasserdargebot an, welche Mengen an Grund- und Oberflächenwasser genutzt werden können. Mit einem verfügbaren Wasserdargebot von 188 Milliarden Kubikmeter ist Deutschland ein wasserreiches Land. Dabei wird das Wasserdargebot als langjähriges Mittel über ca. 30 Jahre erhoben. Die Wasserentnahmen betrugen nach vorläufigen Erhebungen des Statistischen Bundesamtes im Jahr 2007 etwa 32,1 Milliarden Kubikmeter. Das entspricht damit weniger als 20 Prozent des potenziellen Wasserdargebots, d.h. über 80 Prozent des Wasserdargebots verbleiben gegenwärtig ungenutzt.

Wasser geht nicht verloren. Es bewegt sich in der Natur in einem ständigen Kreislauf: Verdunstung – Regen – Versickerung – Abfluss – Verdunstung. Wasser wird nicht verbraucht, sondern gebraucht.

Der Bevölkerung frisches sauberes Trinkwasser zur Verfügung zu stellen, gehört zu den wichtigsten Aufgaben eines Versorgungsunternehmens. Voraussetzung

Kupferschmiedegang in Prenzlau

Quellen und Seen, grub nach Brunnen, und schon bald versuchte er das Wasser um-, weiter- oder abzuleiten. Erste Wasserleitungen sind im germanischen Siedlungsgebiet etwa ab dem 4. Jahrhundert bekannt. Beispielsweise aus Köln, wo eine 130 Kilometer lange, aus Steinplatten gebaute Wasserführung die Hauptstadt Niedergermaniens mit Eifelwasser versorgte. Ansonsten bediente man sich aus Brunnen oder offenen Gewässern. Lagen diese in einiger Entfernung vom Wohnort, so schafften Wasserträger das Trinkwasser heran. Allein in London waren 4.000 Wasserträger bekannt, die auch Strafen verhängten, wenn man sich an den Wasserstellen selbst bediente.

fürchtig behandelten und fleißig davon Gebrauch machten. Allmählich begannen die Bauern, die Kartoffel auch zu essen, und bald wurde sie zum wichtigsten Nahrungsmittel überhaupt. Der bekannte Prenzlauer Arzt Simon Herz analysierte bereits 34 Jahre später: „Für den Armen- und Mittelmann sind die Kartoffeln ein sehr wichtiges Nahrungsmittel. Ihrer mehlichten Natur wegen sind sie sehr nahrhaft, arbeitsamen Leuten gesund und stärkend. Zärtliche und müßige Personen dagegen sollten das Kartoffelessen ganz und gar vermeiden. Ihr Saft ist zu dick und zu zähe für die Verdauungskräfte der Kinder und stillsitzender Leute. Wäßrige und unreife Kartoffeln sollten selbst arbeitsame und robuste Leute nicht genießen." >

für gutes Trinkwasser sind ein umfassender Schutz der Grundwasserqualität und der Oberflächengewässer sowie eine moderne und zuverlässige Schmutzwasserentsorgung.

WENN ALLE BRÜNNLEIN …
Da Wasser für den Menschen lebensnotwendig ist, liegt es in seiner Natur, das kühle Nass immer in seiner unmittelbaren Umgebung zu haben. Er siedelte an Flüssen,

IM HERZEN DER UCKERMARK
Eigentliches Herz der Uckermark ist Prenzlau, das bereits 1234 vom Pommernherzog Barnim I. das Stadtrecht erhielt. Gut 500 Jahre später verdankten die Prenzlauer Friedrich II. die Hauptstadtwürde der Uckermark sowie das Hauptnahrungsmittel – die Kartoffel. Friedrichs Soldaten wachten streng darüber, dass die Bauern das kostenlos verteilte Saatgut auch ehr-

Nachzeichnung eines historischen Plans

Die Kartoffel wurde zunächst wegen ihrer schönen Blüten nur als Zierpflanze angebaut, allenfalls gab man die Knollen dem Vieh. Friedrich der Große drängte mit seinem „Kartoffelbefehl" vom 24. März 1756 vor allem die Bauern in der Uckermark zum verstärkten

Anbau der Knollen. „Wo nur ein leerer Platz zu finden ist, soll die Kartoffel angebaut werden, da diese Frucht nicht allein sehr nützlich zu gebrauchen, sondern auch dergestalt ergiebig ist, daß die darauf verwendete Mühe sehr gut belohnt wird. [...] Übrigens müßt ihr es beym

bloßen Bekanntwerden der Instruction nicht bewenden, sondern durch die Land-Dragoner und andere Creißbediente Anfang May revidieren lassen, ob auch Fleiß bey der Anpflantzung gebraucht worden, wie Ihr denn auch selbst bey Euren Bereysungen untersuchen

müsset, ob man sich deren Anpflantzung angelegen seyn lasse."

Ziehbrunnen – noch Anfang der 1970er Jahre auf manchen Dörfern präsent

BRUNNEN VERBESSERTEN DIE QUALITÄT

In der Gegend um Prenzlau entnahm man das Wasser dem Uckersee sowie dem Strom, der Ucker oder dem Mittelgraben. Aber aus den Flussläufen versorgte man sich nicht nur, in die jeweiligen Flüsse entsorgten die Bürger auch. Ob nun aus hygienischen Gründen oder wegen des steigenden Bedarfs durch Handwerk und Gewerbe. Im 16. und 17. Jahrhundert kamen gegrabene Brunnen für die Trinkwasserversorgung der Bevölkerung hinzu. Die Kosten der Brunnenunterhaltung von immerhin einigen Hundert Mark jährlich wurden oft aus einer eigens eingerichteten Brunnenkasse bestritten, in die die Einwohner nach ihrem Verbrauch des Straßenbrunnenwassers einzahlten. Die Straßenbrunnen befanden sich an verschiedenen Stellen in der alten Stadt und bestanden jeweils aus einem Balkengerüst über dem mit Feldsteinen ausgelegten runden Kessel. Spätestens im 19. Jahrhundert besaß fast jedes Haus bzw. jedes Grundstück einen Brunnen. Während in den ca. 50 Jahren zwischen 1744 und 1801 die Bevölkerung von 5.100 auf 7.120 anwuchs, erhöhte sich auch die Anzahl der Brunnen von 139 auf 170.

AM ANFANG WAR DER RINNSTEIN

Lange Zeit waren die Ableitung von Abwässern und die Beseitigung von Unrat völlig ungeklärt. Schlecht gepflasterte Rinnsteine in den Gassen der Städte übernahmen den Transport des Abwassers. Wegen des ungenügenden Gefälles stellten diese Rinnsteine oder Rinngräben gefährliche

Abwasserentsorgung im 19. Jahrhundert

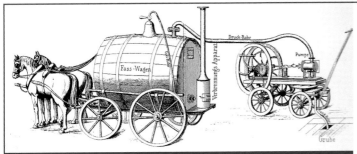

Schmutzwasser- und Fäkaltransport am Ende des 19. Jahrhunderts

Fäulnisherde dar. Das Abwasser versickerte nicht selten direkt in den Untergrund und verunreinigte das Grundwasser, was die Ausbreitung von Krankheiten beförderte. Selbst Rinnsteinspülungen und die direkte Ableitung in die Flüsse schafften keine Lösungen. Auf dem Lande entsorgte man das Abwasser sowieso direkt in die Landschaft oder in fließende Gewässer. Die Stadt Prenzlau leitet ihre Abwässer, mehr oder weiniger gereinigt, direkt oder indirekt in die Ucker. Das aus vielen Pumpen, Brunnen und aus offenen Gewässern gewonnene „Trinkwasser" und Brauchwasser floss nach seinem Gebrauch den Rinnsteig, auch Gosse genannt, entlang in einen der Gräben, die sich durch Prenzlau zogen. Meistens aber versickerte dieses Schmutzwasser einfach irgendwo.

Über diese Zustände wurde berichtet: „Die Häuser standen damals mit dem Giebel nach der Straße, die Dächer fielen rechts und links steil ab. Zwischen je zwei Häusern war gewöhnlich ein schmaler Gang, in dem nicht selten ein Abort allereinfachster Art errichtet war, ein „Privet", wie man damals sagte. Ein guter Teil der Jauche aus diesem und vom Hofe floß ungehindert auf die Straßen, die selten

und dann auch nur in der Mitte auf dem Fahrdamm gepflastert waren. Besonders bei anhaltendem Regenwetter waren sie für den Bürger eine Plage, für sein Feder- und Borstenvieh aber eine Wonne." Noch im Jahre 1728 beklagten sich die Anlieger der Marktstraße, „daß wegen des völlig grundlosen Bodens niemand zu ihnen gelangen könnte, um etwas zu kaufen und zu bestellen, und daß sie Hunger leiden müßten, wenn der Magistrat nicht bald für Pflaster sorge". Mit welchem Eifer sich die Prenzlauer daran machten, diesen Zustand zu verändern, ersehen wir aus dem „gnädigsten Befehl", der dem kommandierenden Offizier in Prenzlau am 13. Januar 1700 zuging. „... nach Ablauf einer achttägigen Frist durch einige Soldaten

die Straßen besichtigen und den Widerspenstigen den Unflat in ihre Häuser werfen zu lassen, ohne jede Nachsicht, und dies in achttägigen Zwischenräumen ständig zu wiederholen, gestalt Sr. kurfürstlicher Durchlaucht gnädigster Wille dahin gehet, daß den verschiedentlichen schon desfals ergangenen Verordnungen gehorsamst nachgelebet werden solle". Es scheint, als ob das Militär diese wirksame Maßregel pünktlich und sorgfältig ausgeführt hat, denn der Kurfürst fand in Zukunft keine Veranlassung zu dergleichen Anordnungen mehr.

„DIE MEDICINISCHE ORTSBESCHREIBUNG" DES SIMON HERZ

Im zwei Tagesreisen entfernten Berlin, wo die Zustände der Abwasserentsorgung um die Mitte des 19. Jahrhunderts sich dramatisch zugespitzt hatten, begannen 1873 auf Initiative des Arztes Rudolf Virchow und des Baurats James Hobrecht die Arbeiten an einer umfassenden Kanalisation mit anschließender Verrieselung auf stadteigenen Flächen vor den Toren der Metropole.　　❯

Stadtbrunnen im Bereich des Ravitgrabens (Teil der heutigen Uckerpromenade)

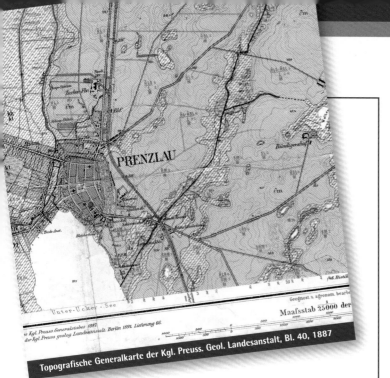

Topografische Generalkarte der Kgl. Preuss. Geol. Landesanstalt, Bl. 40, 1887

1876 ging in Berlin das erste Kanalisationssystem in Betrieb. Eine der wichtigsten Quellen zur Beschreibung der Trinkwasserver- und Abwasserentsorgung im Prenzlau des 18. Jahrhunderts verdanken wir dem Prenzlauer Arzt Simon Herz, der uns die Abhandlung „Versuch einer medicinischen Ortbeschreibung der Uckermärkischen Hauptstadt Prenzlau" aus dem Jahre 1790 hinterließ. Darin prangert Herz bereits eine schlechte und vor allem schwankende Wasserqualität an. Als Verursacher nennt er die Färber und Gerber, die, vor allem am Mittelgraben ansässig, ihre Abwässer in das Gewässer einleiteten. Obwohl jedes Jahr angeblich der gröbste Schlamm beseitigt wurde, hinterließen diese Maßnahmen nur wenig Wirkung bei der Güte des Wassers.

Hinzu kamen Dumme-Jungen-Streiche wie ertränkte Katzen und Hunde, die das Wasser der Brunnen zusätzlich verunreinigten, sowie allerlei Unrat, der ungehindert in die ungesicherten und ungeschützten Brunnen fallen konnte. Herz plädierte aus den genannten Gründen sehr nachdrücklich für bauliche Maßnahmen und Straßenbefestigungen, um die städtischen Brunnen und Quellen zu schützen und sauber zu halten.   ❯

Turm des Schwedter Tores in Prenzlau

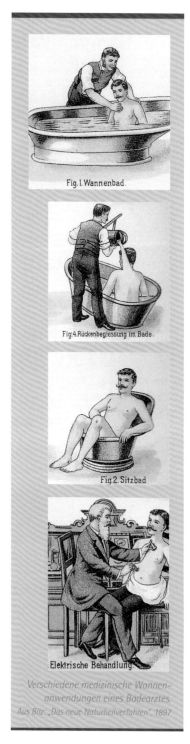

Fig. 1. Wannenbad.

Fig. 4. Rückenbegiessung im Bade.

Fig. 2. Sitzbad

Elektrische Behandlung.

Verschiedene medizinische Wannenanwendungen eines Badearztes. Aus Bilz: „Das neue Naturheilverfahren", 1897

ZUR HEILUNG VON HYSTERIE EMPFOHLEN, ABER ZUM KOCHEN UNGEEIGNET

Als wohl das beste und ergiebigste Wasserreservoir nannte Herz die Springquelle vor dem Stettiner und Schwedter Tor. Er bescheinigte dem kühlen Nass, es sei „rein, frisch … ungemein hell und klar, daß alle Unreinheiten von sich stößt." Interessant ist auch, dass diese Quelle sogar dem Berliner Geologen Johann Fridrich Zückert (1737–1778) in der Abhandlung „Systematische Beschreibungen aller Gesundbrunnen Deutschlands" (Berlin 1768) eine Erwähnung wert war. Simon Herz attestierte dem Wasser, durch eigene Untersuchungen gestützt, sogar eine große medizinische Wirkung. Es sei wohltuend bei Krankheiten, die von Schwäche, Empfindlichkeit und Nervenschwachheit resultierten. Hinzu komme eine gewisse Stärkung des Magens und der Gedärme sowie eine helfende Wirkung bei der Heilung von Hysterie und Gicht. Auch wenn sich das heute eher wie ein Wunschzettel liest, es unterstreicht die Annahme, dass schon unseren Vorfahren ein anständiges Qualitätstrinkwasser zur Verfügung stand. Herz' chemische Analyse ermittelte folgende Bestandteile des Wassers: Luftsäure, Eisen, erdige Mittelsalze,

Historische Bebauung vor der Marienkirche

Extractivstoff, Selenit, Kalkerde und Bittersalz. Allerdings, im Allgemeinen sei das Prenzlauer Wasser sehr hart und zum Kochen ungeeignet, weil es „die Hülsenfrüchte nicht weich macht". Ob nun der gute Herz eine Karriere als Badearzt anvisiert hatte, ist nicht mehr zu ermitteln, auf jeden Fall sprach er sich dafür aus, die Abgabe dieses Wassers unter Aufsicht eines Arztes zu stellen, um den gesundheitlichen Zustand der Prenzlauer zu verbessern! ‹

Zückert beschreibt das Prenzlauer Mineralwasser folgendermaßen:

„Vor dem Steinthore zu Prenzlau in der Uckermark war sonst eine mineralische Quelle, von welcher der Doctor Vangerow im Jahre 1754 eine Nachricht hat drucken lassen. Das Wasser war sehr spirituös und schmeckte dinterhaft, vitriolisch und zusammenziehend. In der Nachbarschaft der Quellen legte es viel Öcher ab, und die umliegende Gegend ist ein lehmiges mit Eisenstein vermengtes Erdreich. Die Bestandteile sind ein Mineralgeist, etwas Kochsalz, eine alcalische Erde und ein zartes Vitriol."

Beginn des Industriezeitalters

Beispiel für industriellen Aufschwung – alte Schlosserei in der Stettiner Straße, erbaut im Jahre 1858

D ie Ereignisse des 18. und 19. Jahrhunderts kennzeichnen den Aufbruch in das industrielle Zeitalter. In dieser Epoche trafen, begleitet vom allgemeinen geschichtlichen Geschehen, zwei wichtige Entwicklungslinien zusammen: Naturwissenschaftler hatten die Gesetzmäßigkeiten der Physik und Chemie so weit erforscht, dass sich ein Feld für die ökonomische Verwertung der theoretischen Erkenntnisse zu eröffnen begann, und es entstand eine freie liberale Wirtschaftsordnung, die den Unternehmen bessere Entfaltungs- und Entwicklungsmöglichkeiten bot.

ERST UNGENUTZT, DANN BEDEUTSAME RESSOURCE

Bereits um 1680 wurde erstmals beobachtet, dass beim Erhitzen eines festen Brennstoffs unter Luftabschluss brennbare Gase entweichen und ein fester Bestandteil, der Koks, zurückbleibt. Die Verwendung des in England entdeckten Gases, das man aus Steinkohle, Braunkohle, Holz, Torf, Ölschiefer oder Harz gewann, verbreitete sich anfangs allerdings nur zögernd. Zwar kam die Beleuchtung von Straßen und Plätzen in einigen Städten Deutschlands (Hamburg 1675, Berlin 1679) etwa zur gleichen Zeit in Mode, doch vorerst wurde hauptsächlich Rüben-, Raps- oder Leinöl verwendet. In manchen Städten Deutschlands gab es etwa seit der Zeit Friedrichs des Großen (1712–1786) an ausgewählten Stellen Öllaternen, die mit raffiniertem Leinöl betrieben wurden.   >

Die Erkenntnisse der Gaserzeugung wurden erst seit 1800 industriell ausgebeutet. Beim Entgasungsvorgang – auch trockene Destillation genannt – werden außer dem Stadtgas und dem Koks eine Reihe wertvoller Nebenprodukte wie Teer, Ammoniak, Schwefel und Benzol gewonnen. Bislang war vor allem das im Destillationsprozess entstehende Produkt wirtschaftlich relevant – der Teer. Er spielte in großem Maßstab zur Abdichtung von Schiffen eine Rolle, die gerade in der Handels- und Kolonialmacht England von größter Bedeutung waren. Das bei der Verkokung anfallende Gas blieb beinahe 150 Jahre ein unbeachtetes und ungenutztes Abfallprodukt. Die Entdeckung der sinnvollen Verwendung einer ohnehin vorhandenen Ressource machte einen Teil des ökonomischen Reizes der Gasnutzung aus. 1803 stattete wohl erstmals William Murdock eine Maschinenfabrik, Boulton & Watt in Soho bei Birmingham, mit einer Gasbeleuchtung aus. Die Anlage, die Murdock dann zwei Jahre später in der Baumwollspinnerei Philipps & Lee in Manchester errichtete, kam in ihrer technischen Ausstattung den späteren technologischen Standards der Gasanlagen schon sehr nahe.

GASGEWINNUNG IST PIONIERARBEIT

Das Gas, das aus der Retorte kommt, wird in eisernen Röhren in große Behälter oder Gasometer geleitet, in denen es gereinigt wird, um dann durch weitere Röhren in die Fabrik geführt zu werden. Diese Röhren wiederum verzweigen sich in eine Vielzahl von Zweigleitungen und verringern sich im Durchmesser in dem Maße, in dem die erforderliche Gasmenge in ihnen abnimmt.

Das Rohgas muss mechanisch und chemisch gereinigt werden. Zuerst werden ihm die groben Teerbestandteile entzogen. Dann wird das Gas von Naphthalin, von Ammoniak und von Schwefel befreit. Zum Schluss wird das wertvolle Benzol gewonnen. ❯

Entdeckung des brennbaren Gases durch den in London verstorbenen Deutschen Johann Joachim Becher (1635–1685).

1863 – Henri Dunant gründet das Internationale Rote Kreuz.

1869 – William Semple patentiert den Kaugummi.

1871 – Zénobe Gramme erfindet den Dynamo; J.B. Morrison patentiert den fußbetriebenen Bohrer für Zahnärzte.

1875 – Alfred Nobel erfindet das Dynamit.

1876 – Alexander Graham Bell erfindet das Telefon.

1877 – Thomas Alva Edison erfindet den Phonographen.

1878-1879 – Joseph Swan und Thomas Alva Edison erfinden die Glühbirne.

1879 – James J. Ritty erfindet die Registrierkasse.

1885 – Karl Benz stellt das erste benzinbetriebene Auto her; Louis Pasteur entwickelt die Tollwutimpfung.

Innenansicht eines historischen Gasometers

Gaslampe um 1900

Schon bei den Alten Griechen war aufgefallen, dass „Bernstein wie der Magnetstein gewisse leichte Körperchen aus einiger Entfernung anziehen möge". Die Griechen nannten den Bernstein auch Elektron. Zahlreiche Wissenschaftler machten sich in der Folge um die Erforschung der Elektrizität verdient. Es dauerte aber fast 100 Jahre, bis die ersten theoretischen Formulierungen und fundamentalen Erfindungen – unter anderem durch Charles de Coulomb, Alessandro Graf von Volta, Georg Ohm und James Joule – zur Entdeckung des dynamo-elektrischen Prinzips durch Werner von Siemens 1866 führten.

Lukrative Aussichten versprach man sich durch die Entwicklung von Maschinen, denen es möglich sein sollte, mechanische in elektrische Energie umzuwandeln. Während es englischen Ingenieuren gelang, am Ende des 18. Jahrhunderts durch die Erfindung der Dampfmaschine die Grundlagen der heutigen „Kraftwirtschaft" zu legen und durch die industrielle Vergasung der Kohle die Gasversorgung einzuleiten, blieb es den deutschen Gelehrten vorbehalten, die Grundsteine der modernen Elektrizitätswirtschaft zu schaffen. ›

Das Stadtgas wurde in großen Behältern, den Gasometern, zwischengelagert. Je nach Füllmenge hob oder senkte sich das Dach dieser Behälter und übte einen gleichmäßigen Druck auf das Gas aus, mit dem dieses in das Rohrnetz der Stadt gedrückt wurde und somit bis zu den Kunden gelangte. Vor allem in den Nachkriegsjahren war bereits von Weitem an der Höhe des Behälterdaches erkennbar, ob genügend Gas zum Kochen oder Heizen zur Verfügung stand bzw. ob der Gasdruck ausreichte.

PARALLELE ERFORSCHUNG DES MAGNETISMUS

Die wissenschaftliche Forschung richtete sich unter anderem auf die Untersuchungen des Magnetismus und der Elektrizität.

Die magnetische Kraft des Bernsteins

Charles de Coulomb
(1736–1806)

Alessandro Graf von Volta
(1745–1827)

Georg Ohm
(1789–1854)

James Joule
(1818–1889)

Werner von Siemens
(1816–1892)

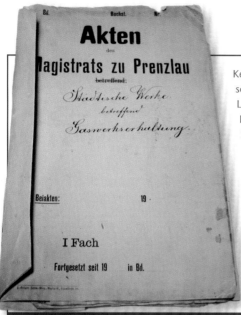

Akte zum Gaswerk im Stadtarchiv von Prenzlau

Kerzenlicht flackerte schon bei geringem Luftzug. Für die Beleuchtung der Straßen bei Nacht sorgten ebenfalls Petroleumlampen. Dieses Licht erzeugte eine gewisse Helligkeit, konnte die Straßen aber nicht richtig ausleuchten. Die Qualität der Beleuchtung wurde bald nicht mehr als ausreichend von den Bewohnern und Handwerkern empfunden. Deshalb wurde die Nachricht, dass es in einigen sich entwickelnden Industrieländern Gaslam-

Dokument und Bestätigungsvermerk aus der Gasakte

DER FORTSCHRITT HÄLT IN PRENZLAU EINZUG

In der Mitte des 19. Jahrhunderts begann in Deutschland eine technische Entwicklung, die auch Prenzlau erfasste. Eine steigende Nachfrage nach Gegenständen des täglichen Bedarfs sowie nach Maschinen und Anlagen, um solche wiederum herstellen zu können, führte dazu, dass sich die kleinen und mittleren Werkstätten immer weiter entwickelten und erste Fabriken entstanden. Typisch für diese Zeit war, dass kleine Maschinen und Geräte noch mit Hilfe der Muskelkraft und größere Maschinen über Transmissionsanlagen mit Hilfe von Dampfmaschinen angetrieben wurden.

Die Werkstätten wurden in der Regel mit Hilfe von Kerzen und Petroleumlampen beleuchtet. Das so erzeugte Licht erhellte nur in einem geringen Umfang den unmittelbaren Arbeitsplatz. Besonders die Petroleumlampen rußten und das

pen gibt, die ein wesentlich helleres Licht abgaben und nicht so rußten wie die Petroleumlampen, mit großem Interesse von der Prenzlauer Bürgerschaft aufgenommen. ›

Prenzlauer Marktplatz um 1900 mit Gaskandelaber im Vordergrund

Belegschaft des Prenzlauer Gaswerkes in der Kietzstraße um 1908

PRENZLAU ERHÄLT EINE GASANSTALT

Zunächst schien Stadtgas nur als Beleuchtungsgas interessant, doch industrielle Visionäre ahnten schon, dass sowohl mit dem Gas als Energiequelle als auch mit den Nebenprodukten der Gasherstellung Geld zu verdienen sei. Die Erzeugung von künstlichem Licht bildete in den ersten Jahrzehnten der Steinkohlegastechnologie-Nutzung das wesentliche Anwendungsgebiet. Das Gaslicht brachte eine zuvor ungeahnte Helligkeit. Es erschien den an das Kerzenlicht gewöhnten Zeitgenossen „wie eine künstliche Sonne".

Es ist anzunehmen, dass sich etwa ab der Mitte des 19. Jahrhunderts die Prenzlauer Stadtverordnetenversammlung mit der „Gasfrage" beschäftigte. Als sich die Idee, Gebäude und Straßen mit Gaslicht auszustatten, auch in der Uckermark konkretisierte, hatten die marktführenden englischen Unternehmen längst in Deutschland Konkurrenz bekommen. Am 5. Juli 1858 meldete der „Öffentliche Anzeiger": „Die allgemeine Gas-Aktien-Gesellschaft in Magdeburg beabsichtigt allhier an dem Wege, welcher von der Prenzlau-Stralsunder Chaussee nach der Neubrandenburger Vorstadt führt, eine Gasbereitungs-Anstalt Behufs der Erleuchtung der hiesigen Straßen durch Steinkohlengas zu erbauen und das Gas von hier aus mittels eines 5 Zoll weiten Rohrs nach der Stadt zu leiten." Dem Vorschlag schloss sich die Prenzlauer Stadtverordnetenversammlung am 13. Juli 1857 an. Die Unterzeichnung

des Vertrages mit der Allgemeinen Gas-Aktien-Gesellschaft zu Magdeburg erfolgte am 23. Juli 1857. Der Vertrag gestattete dieser Aktiengesellschaft, in der uckermärkischen Hauptstadt Prenzlau, in der Kietzstraße 7, damals noch am Rande der Stadt, eine Gasanstalt zu errichten und auch zu betreiben. Die Bezeichnung Anstalt stand als Begriff für ein Unternehmen zur Erfüllung bestimmter öffentlicher Aufgaben. Ziel war es, Beleuchtungsgas zu erzeugen und in diesem Zusammenhang die Straßenbeleuchtung in der Stadt aufzubauen sowie mit dem Verkauf des Gases und dessen Nebenprodukten Gewinn zu erwirtschaften.   ‹

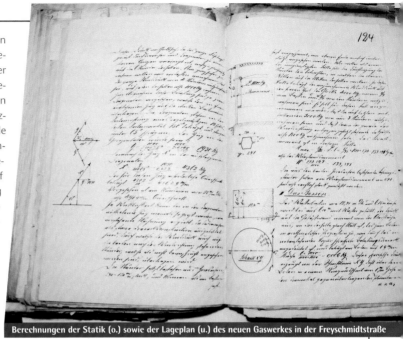

Berechnungen der Statik (o.) sowie der Lageplan (u.) des neuen Gaswerkes in der Freyschmidtstraße

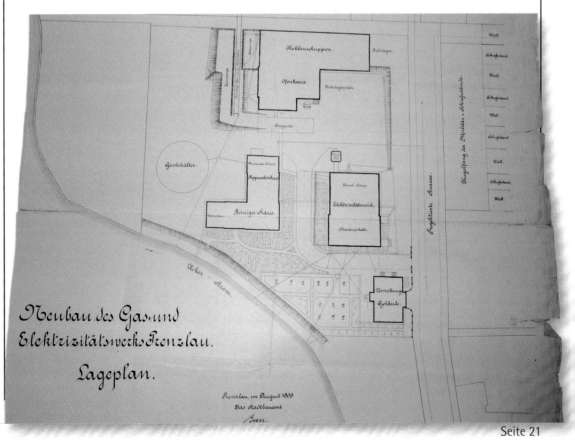

Kandelaber in der Königsstraße in Prenzlau

1898 – Marie und Pierre Curie entdecken das Radium.

1898 – In Rheinfelden am Oberrhein nimmt das erste große Laufwasserkraftwerk als Niederdruck-Kraftwerk seinen Betrieb auf.

1899 – Als erstes deutsches Elektrizitätswerk stellen die Berliner Elektrizitätswerke BEW die Netzspannung von 110 Volt auf 220 Volt um.

1899 – Der Amerikaner Almon Strowger entwickelt den Fernsprechdrehwähler.

1900 – Das erste Zeppelin-Luftschiff startet.

WIRTSCHAFTLICH ERFOLGREICH

Am 18. Februar 1859 gingen in Prenzlau die Gasanstalt und mit ihr auch die neue Straßenbeleuchtung in Betrieb. 48 Jahre lang gehörte diese Gasanstalt der Aktiengesellschaft. In der Anfangszeit wurde hier nur Gas für 192 Nacht- und 40 Abendlaternen, die nicht die ganze Nacht durch brannten, hergestellt. Das Gaswerk bestand aus vier Öfen mit zusammen 25 Retorten und einem Gasbehälter mit 450 Kubikmeter Fassungsvermögen. Die Jahresleistung war für 600.000 Kubikmeter ausgelegt. Durch technische Verbesserungen, besonders durch die Erfindung des Gasglühstrumpfes im Jahre 1891 durch Dr. Carl Auer von Welsbach, leuchteten die Gaslampen immer heller bei gleichzeitig sin-

kendem Gasverbrauch. Mit dem technischen Fortschritt wurde die Anwendung des Gases immer beliebter.

Nach und nach wurde jetzt auch in den Wohnungen Gas für die Beleuchtung, zum Heizen und Kochen verwendet. ❯

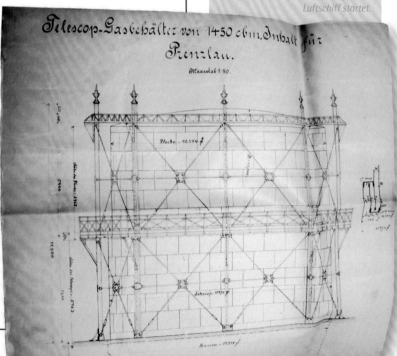

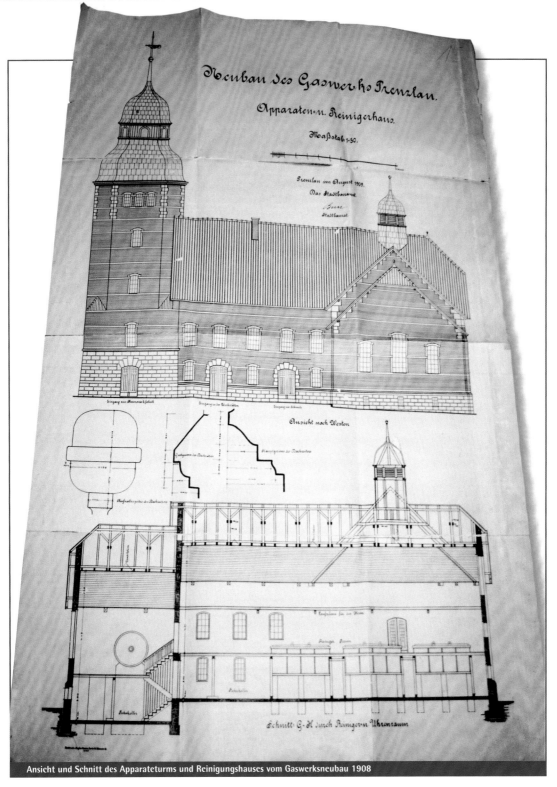

Ansicht und Schnitt des Apparateturms und Reinigungshauses vom Gaswerksneubau 1908

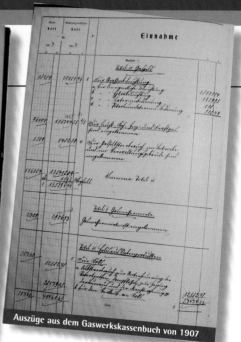

Auszüge aus dem Gaswerkskassenbuch von 1907

Durch dünne Gasrohre an den Zimmerdecken gelangte das Gas bis zur Mitte der Räume zu den Lampen, die den Raum angenehm erhellten. Solche Rohre waren noch bis vor wenigen Jahren in einigen alten Häusern in der Schwedter Straße zu finden.

In den folgenden Jahren kam es zu einem rasanten Anstieg des Gasverbrauchs in Prenzlau. Um mit dieser Entwicklung mitzuhalten, wurden immer wieder Umbauten und Erweiterungen im Gaswerk vorgenommen. Mit neuen Öfen konnte mehr Gas aus der gleichen Menge Kohle gewonnen werden als

bisher. Für alle Änderungen und Umbauten mussten jedoch Genehmigungen beim Magistrat eingeholt werden. Am 10. Februar 1891 beantragt und bereits am 18. April genehmigt wurde der Bau eines zweiten, größeren Gasbehälters von 650 Kubikmeter Inhalt auf dem Grundstück der Gasanstalt in der Kietzstraße.

Für Prenzlau stellte das Gaswerk von Anfang an einen wichtigen Wirtschaftsfaktor dar. Aus dem Verkauf von Gas und Nebenprodukten wie Teer für Anilinfarben erwirtschaftete die Gasanstalt einen guten Gewinn.   ‹

Der Preis pro Kubikmeter Gas zu Beleuchtungszwecken betrug 1907 20 Pfennige, während für Koch- und Heizgas nur 14 Pfennige gezahlt werden mussten. Das Rohrnetz hatte eine Gesamtlänge von 15.447 Metern.

Das alte Gaswerk in der Kietzstraße um 1908

Industrielle Entwicklung an der Schwelle zum 20. Jahrhundert

Die Wasserversorgung in Prenzlau

Die schöne Uckerpromenade in Prenzlau

Die industrielle Entwicklung Deutschlands am Ende des 19. Jahrhunderts führte zum schnellen Anstieg der Bevölkerungszahlen in den Städten, vor allem durch den Zuzug aus dem ländlichen Raum. Alle Einwohner mit dem lebensnotwendigen sauberen Trinkwasser zu versorgen, wurde immer schwieriger. Wurden bisher Brunnen und Pumpen, aber auch das Oberflächenwasser der Gräben, Bäche und Seen genutzt, mussten mit zunehmender Bevölkerung andere Lösungen geschaffen werden. Hinzu kam, dass auch die sich entwickelnde Industrie nach immer mehr Wasser verlangte. Bei-

spielsweise zählten das Eisenbahnwesen, die Eisengießereien, die Brauereien und die Wäschereien zu den Großabnehmern. In Prenzlau verlangte auch das Militär sehr viel Trinkwasser. Was lag da näher, als sich mit dem Gedanken einer zentralen Trinkwasserversorgung zu beschäftigen. Derartige Trinkwasseranlagen waren in anderen Städten Deutschlands längst errichtet und Erfahrungen gesammelt worden.

Die geologischen und hydrologischen Voraussetzungen für die Wassergewinnung waren im Bereich östlich von Prenzlau beim Gesundbrunnen und beim Bullerspring gegeben. 〉

Bereits am 20. Dezember 1898 hatte der Magistrat der Stadt Prenzlau mit Hinblick auf die bevorstehende Inbetriebnahme des Wasserwerks eine „Polizei-Verordnung betreffend den Schutz des städtischen Wasserwerks in Prenzlau" erlassen.

Entwurfszeichnung des Wasserwerkes von 1898, Ansicht von der Bahn aus

GEGNER UND BEFÜRWORTER

Im Jahre 1881 befassten sich die Stadtväter mit der Errichtung der zentralen Wasserversorgung in Prenzlau. Aber gut Ding will Weile haben. Befürworter und Gegner des Vorhabens stritten heftig. Es dauerte daher noch 11 Jahre, bis zum 5. November 1892, ehe die Stadtverordneten ein solches Vorhaben beschlossen. Den Auftrag zur Projektierung einer zentralen Wasserversorgungsanlage erhielt jedoch erst weitere sechs Jahre später, am 14. Februar 1898, die Firma Heinrich Scheven aus Bochum. Abermals vier Monate später, am 14. Juni 1898, wurde mit dieser Firma auch der Vertrag zur Herstellung einer „Central-Wasserversorgungs-Anlage für die Stadt Prenzlau" abgeschlossen. Darin enthalten waren Vereinbarungen über besondere Bedingungen bei

der Materialauswahl, der Materiallieferung sowie der Ausführung der Bauarbeiten. Diese gingen zwar zügig voran, blieben jedoch nicht ohne Komplikationen. So wies die Kaiserliche Ober-Postdirection in Potsdam am 12. Januar 1899 darauf hin, dass bei den Erdarbeiten darauf geachtet werden solle, die Telegrafenkabel nicht zu beschädigen.

Durch zusätzlich gebohrte Brunnen konnten täglich 3.270 Kubikmeter Wasser gewonnen werden. Da die Brunnen artesischer Art waren, floss das Wasser im freien Gefälle in einer ca. 2,5 Kilometer langen Rohrleitung bis zum Wasserwerk. Einige Brunnen erreichten eine Ausflusshöhe von bis zu sieben Metern. Dabei wurden Wassermengen von 20 Kubikmeter pro Stunde erzielt.

ALLES HAT SEINEN PREIS

Alle Materialkosten der Gebäude, Pumpen, Wassermesser und Rohre, die zur unmittelbaren Erstellung der Pumpstation und des Wasserturmes anfielen, beliefen sich auf 350.753,25 Mark, die Arbeitskosten hingegen auf 166.637,10 Mark; insgesamt also 517.390,35 Mark. Allein der Turm schlug mit 58.000 Mark zu Buche. Dafür war er aber einer der schönsten, der jemals in Brandenburg entstand. Ganz dem Stil der Neogotik verpflichtet, beeindruckte er durch sein mächtig ausladendes Behältergeschoss, geschmückt mit acht Türmchen. Darüber ragte ein hohes, mit vier weiteren Türmchen versehenes Kegeldach empor, dessen Abschluss eine lange, reich verzierte Stange mit Kugel und Wetterfahne bildete. Leider war dem imposanten Bauwerk kein langes Leben beschieden, doch dazu später.

Aufgrund einiger Fehler bei der Ausführung der Arbeiten, war die gesamte Anlage erst in der Mitte des Jahres 1902 bezahlt, da die Stadt und die Firma Scheven unterschiedliche Ansichten in Bezug auf Garantieleistungen hatten.

Vertragsunterzeichnung von 1898

❯

1886 – William S. Burroughs konstruiert die erste kommerziell erfolgreiche Rechenmaschine.

1888 – Frank J. Sprague richtet in Richmond, Virginia die erste elektrische Straßenbahnlinie ein.

1891 – Thomas Alva Edison patentiert die erste Filmkamera und den ersten Filmprojektor.

1892 – R.E. Bell Crompton und H.J. Dowsing patentieren den ersten elektrischen Radiator.

1893 – W. L. Judson erfindet den Reißverschluss.

1895 – Guglielmo Marconi erfindet die drahtlose Telegrafie;
Wilhelm Conrad Röntgen macht die erste Röntgenaufnahme.

1900 – Siegmund Freud entwickelt die Psychoanalyse.

1900 – Das Bürgerliche Gesetzbuch (BGB) tritt in Kraft.

1900 – Das Deutsche Reich hat nach einer Volkszählung 56.345.014 Einwohner.

1901 – Miller Reese Hutchinson erfindet das elektrische Hörgerät;
Alva J. Fisher erfindet die elektrische Waschmaschine;
Cecil Booth konstruiert den ersten Staubsauger.

Historische Projektzeichnung des Wasserturms

DIE GRÜNDUNG DER STADTWERKE

Als Termin für die vollständige Übergabe der gesamten Anlage war der 1. Juli 1899 vorgesehen. Bereits am 20. Juni 1899 konnte aber schon das Wasserwerk in der Schwedter Straße, das erste „Städtische Werk", seinen Betrieb aufnehmen. Dieses Datum kann als Gründungsdatum der Prenzlauer Stadtwerke angesehen werden. Zu dieser Zeit hatte Prenzlau ca. 20.000 Einwohner. Bei Annahme eines höchsten Wasserverbrauchs von 80 Litern pro Tag und Kopf der Bevölkerung, das entspricht in etwa auch der heutigen Situation, wären somit täglich 1.600 Kubikmeter erforderlich. Bei einer angenommenen jährlichen Zunahme der Einwohnerzahl der Stadt um 1,1 Prozent würde die Einwohnerzahl nach 25 Jahren auf 27.000 angewachsen sein.

Maschienenhaus mit Verbunddampfmaschinen

Da das Wasserwerk auch dann noch ausreichen sollte, wurde eine Tageshöchstleistung von 2.200 Kubikmetern bei der Errichtung zugrunde gelegt. Im zum Wasserwerk gehörenden Wasserturm konnten bis zu 450 Kubikmeter Trinkwasser gespeichert werden. Er war am höchsten Punkt ca. 37 Meter über NN am Rande der Stadt, am Scheunenweg, der heutigen Grabowstraße, entstanden. Da der Turm höher war als die Wohnhäuser in der Stadt, konnte das Wasser auch in die oberen Etagen der Wohnhäuser gelangen. Der Behälter im Turm diente als Reservoir. Bedingt durch die Turmhöhe ergab sich auch bei unterschiedlichen Entnahmemengen ein fast konstanter Wasserdruck für das angeschlossene Rohrnetz.

DIE ZUSTIMMUNG WAR GROSS

Der Projektant des Prenzlauer Wasserwerkes, Heinrich Scheven aus Bochum, schreibt in seiner Abhandlung in der Zeitschrift des Vereines Deutscher Ingenieure vom 13. Januar 1900: „Die Bürgerschaft aber bethätigte ihr Interesse durch regen Anschluss; nach halbjährigen Betriebe des Werkes sind schon 1012 von den 1300 Häusern der Stadt angeschlossen, ohne dass ein Anschlußzwang vorliegt". Diese Aussage ist verständlich, denn das Interesse der Prenzlauer Bevölkerung an dem aus der Leitung fließenden Wasser im Haus war nach anfänglicher Skepsis sehr groß, war es doch eine enorme Erleichterung, einfach den Wasserhahn aufzudrehen anstatt mit Tragehölzern und Eimern von der nächsten Pumpe oder dem nächsten Brunnen das Wasser zu holen. Aber wie bei allen neuen Technologien gab es auch bei der zentralen Wasserversorgung Anfangsschwierigkeiten. So ist ein Rechtsstreit aktenkundig, in dem 1901 der Kaufmann Emil Glasow die Stadt auf Schadensersatz verklagte, weil ein zerborstenes Rohr seinen Keller überflutet hatte. Der Schaden war sicher groß und der Ärger davon beeinflusst. Dennoch ging der Streit für die Stadt glimpflich ab, denn die Kosten in Höhe von 448,91 Mark musste laut Garantiebedingungen die Firma Scheven tragen. ‹

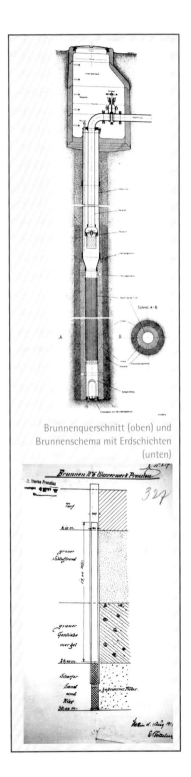

Brunnenquerschnitt (oben) und Brunnenschema mit Erdschichten (unten)

Antrag auf einen Trinkwasseranschluss von 1899

Die Errungenschaften der Gründerzeit in Prenzlau

Der Ausbau der Gasversorgung

Neues Gaswerk in der Freyschmidtstraße

Prenzlauer Stadtarchiv:

1907
Die Stadt Prenzlau
übernimmt das Gaswerk
von der „Allgemeinen
Gas-Aktien-Gesellschaft
zu Magdeburg".

Gründung des Konsum-
vereins in Prenzlau.
Die Initiative dazu ging
von Tabakarbeitern der
Firmen Zachau und
Krause aus.

Eröffnung einer
landwirtschaftlichen
Winterschule in Prenzlau
im Gebäude der ehema-
ligen Gasanstalt in der
Kietzstraße Nr. 7.

Prenzlau zählt
21.276 Einwohner.

Nach Ablauf der Pachtzeit von 48 Jahren übernahm mit Beginn des Jahres 1907 die Stadt Prenzlau die Gasanstalt in der Kietzstraße Nr. 7. Bereits am 31. Dezember 1906 war der Wechsel Thema einer Sitzung der Bau-Deputation, auf der man über die Instandsetzung der Wohnräume für den neuen Betriebsleiter der Gasanstalt debattierte. Die Sanierung „im Direktionsgebäude der städtischen Gasanstalt" sollte laut Kostenanschlag vom 30. Dezember 1906 von Maler Thomas Lange 318,11 Mark kosten. Das war den Stadtvätern zu teuer. Durch Streichung der Positionen Renovierung der Küche und der Badestube wurden die Kosten auf 295,43 Mark gesenkt. In einem Vermerk vom 3. Januar 1907 heißt es dann: „Das Magistrats-Kollegium schließt sich den Vorschlägen der Bau-Deputation an und genehmigt die Kosten für die Reparaturarbeiten in den Büro- und Wohnräumen des Betriebsinspektors des städtischen Gaswerkes." Mit diesem Eintrag erschien erstmals die Bezeichnung Gaswerk. Kurze Zeit später wurden die Dokumente mit „Das Kuratorium der städt. Gas- u. Wasserwerke zu Prenzlau" abgestempelt. Der Vorsitzende des Kuratoriums war der Stadtrat Wienholz. Mit dem Gaswerk waren nun bereits zwei „Werke" im Besitz der Stadt Prenzlau.

Der erste Betriebsleiter, Betriebsinspektor Falck, schlug in seinem Bericht vom 6. März 1907 vor, anstelle des alten Gaswerkes, dessen Kapazitätsgrenzen längst erreicht waren, ein neues Werk zu bauen, weil die Kosten für die Erhaltung und eine eventuelle Erweiterung so erheblich waren, dass es sich nicht lohnte, weiter am alten Werk festzuhalten. ›

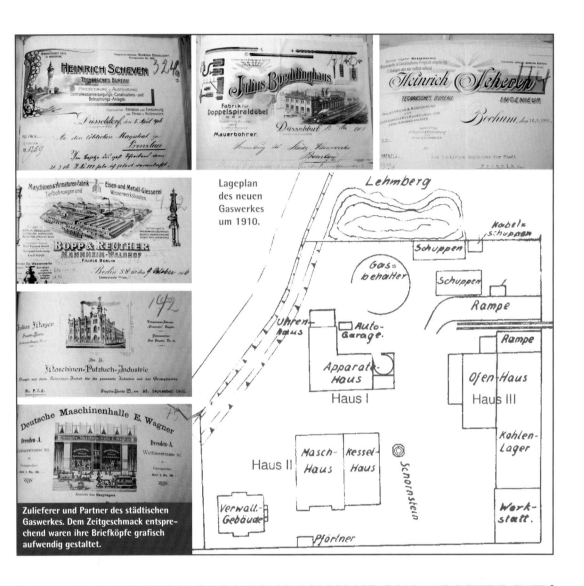

Lageplan des neuen Gaswerkes um 1910.

Zulieferer und Partner des städtischen Gaswerkes. Dem Zeitgeschmack entsprechend waren ihre Briefköpfe grafisch aufwendig gestaltet.

Naphthalin
(von griechisch naphtha
– Erdöl) ist ein farbloser
Feststoff, der schon bei
Raumtemperatur bemerkbar
Gase freisetzt. Es ist ein
aromatischer Kohlenwasser-
stoff mit charakteristischem
Geruch nach Teer. Naphthalin ist gesundheitsschädlich
und umweltgefährlich.

Längenmaße:
1 Zoll = 2,30 Zentimeter (cm)
1 Fuß = 0,28 Meter (m)
1 Elle = 0,56 Meter (m)
1 Rute = 3,77 Meter (m)
1 Postmeile = 7.533,25 Meter

Gewichte:
1 Pfund = 467,10 Gramm (g)
(ab 1858 = 500 g)
1 Zentner = 110 Pfund

Zählmaße:
1 Dutzend = 12 Stück
1 Mandel = 15 Stück
1 Stiege = 20 Stück
1 Schock = 60 Stück

Brennholzmaße:
1 Klafter = 3,888 Kubik-
    meter (m3)
1 Schragen = 3 Klafter
1 Ster = 1 Kubikmeter

Flächenmaße:
1 Hufe = 7–15 Hektar (ha)
1 Hektar (ha) = 4 Morgen
1 Morgen = 180 Quadrat-
ruten = 25,53 ar
1 Acker = 55,30 ar
1 ar = 100 Quadratmeter
(qm, m2)
1 Scheffel Land =
112,5 Quadratruten

Prenzlau — Gas- u. Electrizitätswerk

Das neue Gas- und Elektrizitätswerk im Jahre 1908

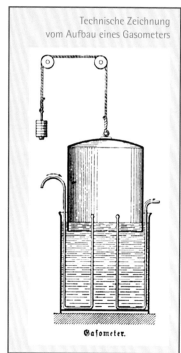

Technische Zeichnung
vom Aufbau eines Gasometers

Gaſometer.

Diesem Vorschlag wurde von der städtischen Körperschaft zugestimmt. Wie ernst die Situation war, ist an dem Beschluss der Stadtverordnetenversammlung vom 27. März 1907 erkennbar, in dem doch noch die Aufstellung eines neuen Gasofens für immerhin 2.550 Mark im alten Werk genehmigt wurde, da einer der wichtigsten Öfen in sich zusammenzufallen drohte.

Das Magistrats-Kollegium genehmigte am 9. Juli 1907 noch einmal Mittel in Höhe von 2.000 Mark, um zur besseren Kühlung des Gases und zur Beseitigung der Naphtalinplage einen alten, hierzu geeigneten Apparat zu erwerben.

Mit gleichem Datum trat das Magistrats-Kollegium an die Stadtverordnetenversammlung heran: „Um den Betrieb des alten Gaswerkes bis zur Fertigstellung des neuen Werkes aufrechterhalten zu können, werden im Laufe der Jahre weitere Verbesserungen notwendig werden. Wir bitten deshalb außerdem um Bewilligung einer Summe von 15.000 Mark, über deren Verwendung der Stadtverordnetenversammlung jedes Mal Mitteilung gemacht werden wird". Bewilligt wurden jedoch nur 5.000 Mark!

DER NEUE STANDORT

Als Bauplatz für die neuen Werke entschied man sich für den heutigen Standort in der Freyschmidtstraße, noch einmal weiter weg von der nachwachsenden Stadt. Den Straßenabschnitt gab es damals noch nicht. Er wurde erst im Zusammenhang mit dem Neubau des Gas- und Elektrizitätswerkes geschaffen.　　　　>

Die Auswertung der Kohle bei der Entgasung

1918 – Achtstunden-Arbeitstag für Arbeitnehmer wird eingeführt; Die Frauen erhalten in Deutschland das Wahlrecht.

29. November 1918 – Kaiser Wilhelm II. (1859–1941) verzichtet offiziell auf den Thron, bereits am 10. November 1918 hatte er sich mit seiner Familie ins holländische Exil abgesetzt.

9. November 1918 – In Berlin wird die Republik ausgerufen.

Schema der Gasgewinnung.

Der Standort lag einst am Ende der Militärschießstände, dem heutigen Thomas-Müntzer-Platz. Reste des Erdwalles, der zum Abfangen der Geschosse diente, sind heute noch in der Freyschmidtstraße gegenüber dem ehemaligen Gaswerk und heutigen Sitz der Stadtwerke vorhanden.

Der neue Standort war sehr günstig ausgewählt. Über einen neuen Gleisanschluss konnte die für die Gasherstellung benötigte Steinkohle bis an das Kohlelagergebäude heran transportiert werden. Der Anschluss des neuen Werkes an das vorhandene Gasleitungsnetz war auch relativ einfach herzustellen. Die vorbeifließende Ucker lieferte ausreichend Wasser für die Realisierung und den Betrieb des neuen Werkes, nachdem Staueinrichtungen die Entnahme sicherten.

Der Baubeginn war am 29. Februar 1908. Die Inbetriebnahme des neuen Gaswerkes erfolgte bereits im November 1908. Ab dem 7. Dezember begann die Gasabgabe in das Gasnetz. Ebenfalls im November 1908 fand auch der Umzug der Verwaltung von der Kietzstraße in das neue Verwaltungsgebäu-

de statt. Die Kosten einschließlich des Verwaltungsgebäudes beliefen sich auf 622.019,65 Mark. Aus 100 Kilogramm Kohle konnten jetzt 27 bis 30 Kubikmeter Gas erzeugt werden. Das alte Gaswerk sollte für 30.000,00 Mark verkauft werden. Allerdings kam es nicht dazu. Stattdessen wurde es später abgerissen und an dieser Stelle die Winterfeldtschule, später die Pestalozzischule, errichtet. Anlageteile des alten Gaswerkes aus der Kietzstraße sind aber noch heute in Prenzlau aktiv im Einsatz und erfreuen im Sommer viele Badelustige. Die großen Behälter, auf denen der Sprungturm der Prenzlauer Badeanstalt errichtet ist, sollen noch aus dem alten Gaswerk stammen.

Sprungturm 2009

AUF EINEM GUTEN WEG

Dass der Neubau des Gaswerkes nicht nur technisch notwendig,

Auszug aus der Bilanz von 1909

sondern auch wirtschaftlich gerechtfertigt war, zeigt folgender Vergleich: Für das Jahr 1908 erzielten die Stadtwerke in Bezug auf den Gasverkauf eine Einnahme von 148.101,29 Mark. Ein Jahr später, 1910, wies die Bilanz für 1909 eine Einnahme aus dem Gasverkauf von 150.370 Mark aus. Die Jahresgasabgabe 1909 betrug 933.332 Kubikmeter (42,4 Kubikmeter pro Kopf der Bevölkerung) gegenüber einer Abgabe im Vorjahr von 900.772 Kubikmeter. Außerdem heißt es im Bericht der Stadtwerke von 1910 weiter: „Die Zahl der in Gebrauch genommenen Gasautomaten ist im Berichtsjahr erheblich gewachsen. Hinsichtlich der Gaskocher und der Beleuchtungskörper wurde bei sämtlichen Konsumenten eine Revision eingeführt. Im Verwaltungsgebäude ist ein Ausstellungsraum mit einem reichhaltigen Lager von Lampen und Apparaten für das Gas- und Elektrizitätsgebiet eingerichtet worden." >

Gaswerk mit Gasbehälter im Vordergrund

DIE ANFÄNGE DER STROMVERSORGUNG

Über Licht zu jeder Zeit und unabhängig von der Tageszeit zu verfügen, faszinierte die Menschen. Die Aktivitäten der Techniker und Erfinder richteten sich daher zunächst verstärkt auf das Gebiet der Beleuchtungstechnik. In der 1879 veröffentlichten Erfindung der matt glühenden Kohlefadenglühlampe des Amerikaners Thomas Alva Edison, die ein weiches elektrisches Licht abgab, sahen risikofreudige Geschäftsleute mit ökonomischem Weitblick eine ernst zu nehmende Alternative zum Gaslicht. Zunächst war man etwa seit 1870 den Weg gegangen, die elektrische Bogenlampe, eine Lichtquelle mit sehr hoher Leuchtkraft, die auf dem Prinzip der elektrischen Bogenentladung beruht, durchzusetzen. Allerdings scheiterte ihre allgemeine Verwendung an ihrem komplizierten Aufbau, der daraus resultierenden schwierigen Wartung sowie an den hohen Betriebskosten. Sechs Stunden Brenndauer einer solchen Lampe kosteten immerhin 20 Mark.

Zum Vergleich: Der Tagesverdienst eines Arbeiters lag in dieser Zeit ungefähr bei drei Mark. Trotz der beeindruckenden Helligkeit, die eine Lichtbogenlampe erzielen konnte, blieb die Anwendung vereinzelt.

BAHNBRECHENDE ERFINDUNGEN

1881 zeigte der Amerikaner Edison auf der „Internationalen Ausstellung für Elektricität" seine Erfindung, die elektrische Glühfadenlampe. Die Ingenieure und Unter-

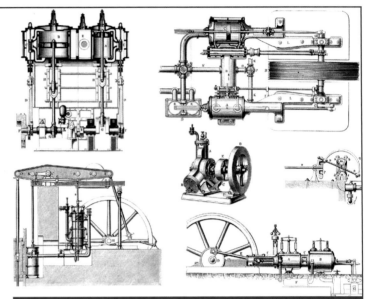

Zeitgenössische Darstellung von Dampfmaschinen

nehmer waren begeistert. Aus Berlin war der Großindustrielle Emil Rathenau nach Paris gereist und erkannte die Bahn brechende Dimension, die in der kleinen Lampe steckte. Er erwarb für Deutschland die Lizenz auf die Edison-Beleuchtungspatente und sorgte für erste funktionierende Demonstrationsanlagen. Zweiflern zum Trotz verbreitete sich die technische Neuerung von Edison dann sehr schnell flächendeckend in Deutschland.

Ab 1882 statteten in den großen Städten teure Hotels, vornehme Geschäfte und elegante Büros ihre Räume mit elektrischem Licht aus. Als erste Stadt in Deutschland führte Nürnberg am 7. Juni 1882 eine elektrische Straßenbeleuchtung ein. Berlin folgte am 2. Dezember gleichen Jahres in der Wilhelmstraße und Hamburg am 8. Dezember am Rathausmarkt.

Der Siegeszug der elektrischen Beleuchtung war nicht mehr auf-

zuhalten. Mit dem selbst erregenden Dynamo des Werner von Siemens war 1866 der entscheidende Durchbruch gelungen. Von da ab war es möglich, die Stromerzeugung mit akzeptablen Leistungen zu gestalten. Die erforderliche Anlagentechnik für die Elektroenergieerzeugung und -verteilung entwickelte man ebenfalls bis zu einem Grad, der einen sicheren und weitgehend störungsfreien Betrieb gestattete – das moderne Zeitalter der ökonomischen Verwertung der elektrischen Energie begann.

PRENZLAUER BÜRGER FORDERN DIE ELEKTRIZITÄT

Die Helios-Elektrizitäts-Aktiengesellschaft aus Köln hatte am 28. März 1898 Verträge vorgelegt, die sich auf die Errichtung eines Elektrizitätswerkes in Prenzlau bezogen. Die Stadtverordneten beschlossen in der Sitzung vom 6. April 1898, die bereits geführten Verhandlungen zur Errichtung eines Elektrizitätswerkes durch eine gemischte Kommission weiterzuführen. Die gesamte Angelegenheit wurde dann aber wieder acht Jahre zurückgestellt. Am 21. März 1906 beschloss die Stadtverordnetenversammlung, diesbezüglich mit der Allgemeinen Elektrizitätsgesellschaft Berlin in Verbindung zu treten. Durch Umfragen in der Bürgerschaft wurde festgestellt, dass der Anschluss von 2.751 Glühlampen, 146 Bogenlampen und 66 Motoren mit insgesamt 256 Pferdestärken gefordert wurde. Das waren gute Voraussetzungen, um das Vorhaben voranzubringen. Die technische Entwicklung in Deutschland ging immer weiter voran. Neben dem Dampf als Antriebsenergie für Transmissionsanlagen in den Werkstätten

und Fabriken kam jetzt auch der Strom zum Einsatz: als universelle Energiequelle für die Beleuchtung, zur Wärmeerzeugung und für den Antrieb von Transmissionsanlagen und Maschinen. Produktionsanlagen konnten wesentlich kleiner ausfallen und der körperliche und damit personelle Aufwand in den Unternehmen gesenkt werden.

In die Planung des neuen Gaswerkes in der Freyschmidtstraße wurde auch das bereits seit längerer Zeit im Gespräch befindliche Elektrizitätswerk mit einbezogen. Dem Vorschlag von Stadtrat Grabow, in diesem Zusammenhang in Prenzlau eine elektrische Straßenbahn anzuschaffen, für die es auch schon konkrete Vorstellungen über den Verlauf der Schienenstrecke gab, blieb allerdings die sicher geglaubte Zustimmung versagt.   >

Königsstraße mit Kandelaber

Gesellenbrief aus dem Jahre 1921 und die späteren Arbeitsplätze vom langjährigen Elektroinstallateur Walter Grewe beim Städtischen Elektrizitätswerk Prenzlau.

NACH DEM NEUESTEN STAND DER TECHNIK

Das Projekt sah eine moderne Energieversorgungskombination bestehend aus Gaswerk und thermischem Elektrizitätswerk vor. Die Stromgeneratoren wurden damals mit Dampfmaschinen, später auch mit Dampfturbinen angetrieben. Um Dampf für den Antrieb der Stromgeneratoren zu erzeugen, benötigte man einen energiereichen Brennstoff. Was lag näher, als den bei der Gasherstellung aus Steinkohle anfallenden Koks dafür zu verwenden.

Fast zehn Jahre nach den ersten Gesprächen wurden am 10. Januar 1908 die letzten Beschlüsse zur Errichtung des Elektrizitätswerkes gefasst. Am 18. Mai 1908 war der Baubeginn. Am 13. Januar 1909 standen das erste Mal die Maschinen unter Dampf, die die Generatoren zur Stromherstellung antrieben. Am 27. Januar 1909 lieferte das Elektrizitätswerk den ersten Strom und damit ging der dritte stadteigene Versorger in Betrieb. Zeitgleich entstand das An-

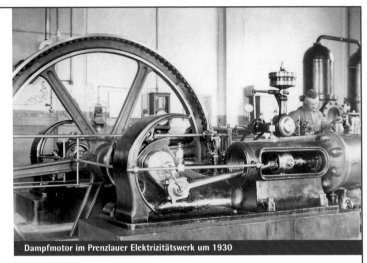

Dampfmotor im Prenzlauer Elektrizitätswerk um 1930

schlussgleis für die Kohlelieferung. Die Gesamtkosten beliefen sich auf 387.216,09 Mark. Im Preis enthalten waren drei Dampfkessel, zwei Dampfmaschinen und die Gebäude des Elektrizitätswerkes.

Anfang August 1909 wurde in Prenzlau die elektrische Straßenbeleuchtung eingeführt. Nur noch bis Ende März 1910 behielt die alte Straßenbeleuchtung durch Petroleumlaternen ihre Funktion. Sie wurde durch 66 elektrische Metall-

fadenlampen je 50 Kerzen ersetzt. Daneben existierten weiterhin Gaslaternen.

UNENTBEHRLICHE HELFER IM HAUSHALT

Die Elektrizität im Haushalt diente zunächst vor allem Beleuchtungszwecken; die Elektroindustrie konnte zwar schon bald eine große Palette von elektrischen Hausgeräten anbieten, doch wegen ziemlich hoher Stromkosten blieb die Geräteausstattung der Haushalte noch gering. Der heutige Staubsauger hat seinen Ursprung im Jahre 1906, als ein Gerät unter dem Namen „Entstaubungspumpe" auf den Markt kam. Der erste Staubsauger war ein richtiges Ungetüm, ein fahrbares, 150 Kilogramm schweres Pumpaggregat auf einem Schlitten mit vorgeschaltetem Wasserfilter. 1912 brachte die AEG den ersten Staubsauger „Dandy" auf den Markt.

Die ersten, mit heutigen Elektroherden jedoch kaum vergleichbaren Kochgeräte gab es ab 1925. Siemens entwickelte in dieser Pio-

Dieselmotor in der modernen Turbinenhalle im Elektrizitätswerk um 1930

Protos-Küchenherd von 1926

Entstaubungspumpe von 1906

nierzeit zunächst den elektrischen Tischherd und anschließend den elektrischen Volksherd. Als Unterbau eignete sich dazu der mit 660 Watt beheizbare „runde Backofen", den man auch einzeln verwenden konnte.

Vor allem Frauen leisteten damals Schwerstarbeit, um schmutzige Wäsche zu reinigen. Mit der Erfindung von Waschmaschine und Schleuder war damit Schluss – jedenfalls für die Frauen, die sich den Luxus leisten konnten. Seit 1910 übernahmen kleine

Elektrische Bottichwaschmaschine

Elektromotoren den Antrieb von Waschapparaten. Die Wäsche wurde nun durch Rührflügel oder Drehkreuze in der Waschlauge kräftig bewegt. Elektrisch angetriebene und mit Gas beheizte Apparate kamen Mitte der 1920er Jahre auf den Markt. Bereits 1928 baute Siemens den „Protos-Turbo-Wascher", eine Trommelwaschmaschine, die sowohl waschen als auch schleudern konnte. Da das gute Stück mit 650 Reichsmark für Normalverbraucher ein Vermögen kostete, hielt sich der Absatz in Grenzen. Das elektrische Bügeleisen ist eines der ältesten Hausgeräte. Mitte der 1920er entwickelten einige Hersteller das temperaturgeregelte Bügeleisen und wenig später, um 1928, die elektrische Heißmangel, die in kleineren Wäschereien, Gemeinschaftswaschanlagen und Pensionen zum Einsatz kam. ‹

Elektrische Bügeleisen

Die Kerze ist eine in Österreich, Deutschland und Skandinavien früher übliche Einheit der Lichtstärke für die Beleuchtung mit Gas, aber auch mit elektrischem Strom. Nachfolgende Einheiten der Lichtstärke sind die Neue Kerze (NK) ab 1. Juli 1942 und die Candela (cd) ab 1948.

Die Entwicklung im ersten Betriebsjahr des Elektrizitätswerks wurde von den Verantwortlichen als durchaus günstig „bezeichnet". Die Gesamtabgabe betrug 1909 bereits 124.855 Kilowattstunden (kWh).

Davon verkaufte man:

Lichtstrom
65.663 kWh   zu je 50 Pfennig

Kraftstrom
24.666 kWh   zu je 25 Pfennig

Lichtstrom für Eisenbahn
11.423 kWh   zu je 20 Pfennig

Straßenbeleuchtung
4.773 kWh   zu je 50 Pfennig

Gaswerk
1.547 kWh   zu je 20 Pfennig

Elektrizitätswerk
5.774 kWh   zu je 20 Pfennig

Wie ein Werbeprospekt der Elektrogeräteindustrie lesen sich auch folgende Angaben für modernste elektrische Haushaltshelfer eines Kalenders von 1927

So kostete:
1 Liter Wasser zu kochen
                    ca. 1 Pfennig

5 Eier zu kochen   ca. ½ Pfennig

3 Koteletts zu braten ca. 1 Pfennig

1 Stunde zu plätten   ca. 4 Pfennig

Die Stadtwerke zwischen den Weltkriegen

Die Zeit der Modernisierung

Kaiserliche Parade auf dem Marktplatz von Prenzlau

Prenzlauer Stadtarchiv:

November 1918

Auch das in Prenzlau stationierte Ersatz-Bataillon des 64. Infanterie-Regiments sollte zur Unterdrückung der Unruhen in Berlin eingesetzt werden. Noch vor Berlin wurde es jedoch entwaffnet. Zahlreiche Soldaten schlossen sich den revolutionären Arbeitern an.

In der Nacht vom 9.11. wurde auch in Prenzlau ein Aufstand der Arbeiter und Soldaten vorbereitet. In den Morgenstunden wurden die z. T. als Deserteure verhafteten Soldaten freigelassen.

Trotz Waffenstillstand am 11. November 1918 dauerte die Seeblockade weiter an, die die Einfuhr von Lebensmitteln in großem Maßstab verhinderte. Der Zusammenbruch der auf Kriegsproduktion ausgerichteten Wirtschaft, die große Masse der in die Heimat zurückkehrenden Soldaten, für die es keine Arbeit gab, sowie eine verheerende Missernte führten zu Hunger und Entbehrungen. Lebensmittel wurden streng rationiert. Dennoch brach mit der Weimarer Republik eine Zeit großer Modernisierungen in Deutschland an. Ausdruck für den gesellschaftlichen Wandel in den zwanziger Jahren des vorigen Jahrhunderts waren die innerbetrieblichen Veränderungen, die sich in den städtischen Betrieben Prenzlaus vollzogen.

Unmittelbar nach dem ersten Weltkrieg stieg der Bedarf an elektrischer Arbeit, heute üblicherweise als Strom bezeichnet, immer weiter an. Aus einer alten Statistik ist zu entnehmen, dass die Elektrizitätserzeugung seit dem Betriebsjahr 1909/10 von 160.000 Kilowattstunden um das Zehnfache auf 1.703.000 Kilowattstunden im Betriebsjahr 1929/30 gestiegen war. An dieser Entwicklung sind auch die „Goldenen 20er Jahre" erkennbar, die zu einem höheren Industrialisierungsgrad in

Deutschland führten. Um 1920 herum traten in vielen Unternehmen der Stadt neue Arbeitsordnungen in Kraft und lösten die alten, noch aus der Kaiserzeit stammenden Ordnungen ab.

Das Betriebsrätegesetz, eines der ersten Gesetze in der jungen Weimarer Republik, regelte den Umgang zwischen Arbeitgeber und Arbeitnehmer völlig neu. Der Unternehmer galt ab sofort nicht mehr als Patriarch oder absolutistisch regierender Herr im Haus, wie Kaiser Wilhelm II. seine Vorstellungen einmal formulierte. Zum neuen Stil gehörte es, die Arbeiter und Angestellten über ihre Rechte zu informieren.

Die Pflege einer Dampfturbine mit Generator

MILLIONEN
FÜR EIN ORTSGESPRÄCH

Doch so sehr sich die Menschen in den ersten Jahren der Republik von Weimar auch mühten, aus den Hungerjahren wurden nun Notjahre mit einer ab Herbst 1921 galoppierenden Inflation. Sprung-

hafte Preissteigerungen und unaufhörliche Lohnforderungen führten schnell zu einer Geldentwertung. Die Kaufkraft des Geldes, meist Papiergeld, sank drastisch ab, und immer häufiger kam der Staat mit dem Drucken offizieller Banknoten nicht mehr nach. Städte und Gemeinden brachten eigenes Notgeld in Umlauf – so auch in Prenzlau. Wenn die großen Scheine wieder einmal knapp waren, bedeutete es nicht selten, den Wochenlohn im Waschkorb nach Hause oder gleich zum

Händler für ein paar Lebensmittel zu tragen. Die Geldscheine waren oft weniger wert als das Papier, auf dem sie gedruckt waren. 1922 kletterte der Preis einer Kilowattstunde, die einst mit 5 Pfennig gehandelt wurde, auf 300.000 Mark. Anfang 1923 kostete ein Ortstelefongespräch 150 Mark. Im Sommer musste man schon 500 Mark dafür bezahlen und wenig später 10.000 Mark. Anfang November war der Irrsinn auf 7 Millionen Mark für ein Ortstelefonat angewachsen.   ›

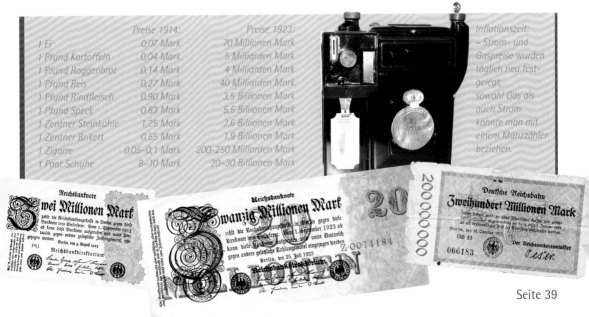

Preise 1914:		Preise 1923:	Inflationszeit:
1 Ei	0,07 Mark	70 Millionen Mark	– Strom- und
1 Pfund Kartoffeln	0,04 Mark	5 Milliarden Mark	Gaspreise wurden
1 Pfund Roggenbrot	0,14 Mark	4 Milliarden Mark	täglich neu fest-
1 Pfund Reis	0,27 Mark	40 Milliarden Mark	gelegt,
1 Pfund Rindfleisch	0,90 Mark	3,5 Billionen Mark	sowohl Gas als
1 Pfund Speck	0,83 Mark	5,5 Billionen Mark	auch Strom
1 Zentner Steinkohle	1,25 Mark	2,6 Billionen Mark	konnte man mit
1 Zentner Brikett	0,55 Mark	1,9 Billionen Mark	einem Münzzähler
1 Zigarre	0,05–0,1 Mark	200-250 Milliarden Mark	beziehen.
1 Paar Schuhe	8–10 Mark	20–30 Billionen Mark	

Das Seebad in Prenzlau wurde 1927 fertiggestellt

Prenzlauer Stadtarchiv:

1927

August – Einweihung des Kreiskrankenhauses. 250 Patienten konnten behandelt werden.

November – in der Winterfeldtstraße wird die Stadtschule II (heute Pestalozzischule) übergeben.

Der gemeinnützige Wohnungsbauverein baut in der Franz-Wienholz-Straße 12 Wohnungen.

Fertigstellung der Seebadeanstalt.

Bau des Uckerstadions.

Infolge der Wirtschaftskrise werden in Prenzlau 1.100 Arbeitslose registriert .

Wegen der ebenfalls hohen Postgebühren war es zumindest im Prenzlauer Ortsverkehr weitaus billiger, Kunden- und Geschäftsbriefe von Boten austragen zu lassen.

Die Papiermarkwerte wurden zu dem Tageskurs des Dollars gutgeschrieben. Die Verkaufspreise für den Strom waren bis zu diesem Zeitpunkt in Papiermark nach dem in der letzten Woche jedes Monats gültigen Kohlepreis berechnet worden. Da das Elektrizitätswerk allerdings erst im folgenden Monat das Geld für die Stromlieferung erhielt, musste das Werk die durch die Geldentwertung entstehenden Verluste voll selbst tragen, ein Umstand, der dazu führte, dass das Werk andauernd mit der Substanzverringerung zu leben hatte. Um nicht die Stromproduktion grundsätzlich aufs Spiel zu setzen, war die dringend notwendige Einführung der Goldmarkberechnung unabänderlich. Mit der Einführung der sogenannten Rentenmark kam die Preisentwicklung 1923 endlich zur Ruhe. Schwierig gestalteten sich die

Preisberechnungen und Zahlungsmodalitäten für die Stadtwerke Prenzlau vor allem in der Übergangszeit von der wertlosen Papiermark zur Rentenmark. Im Herbst 1923 berechnete man im Elektrizitätswerk für eine Kilowattstunde zunächst um 9,9 Goldpfennig. Die Hoffnung, etwa wieder auf ein Preisniveau wie zu Friedenszeiten zurückzufinden, erfüllte sich allerdings nicht. Zwei- bis dreifache Kohlepreise bedingten eine Anhebung des Strompreises auf über 10 Goldpfennig pro Kilowattstunde. Da Löhne und Gehälter nur einen Bruchteil der Friedenssätze ausmachten, ergaben sich erhebliche Diskrepanzen zwischen

Die Friedrichstraße in Prenzlau um 1926

der Kaufkraft allergrößter Teile der Bevölkerung und den marktüblichen Preisen für fast alle Waren des täglichen Bedarfs sowie für Strom und Gas.

DIE WASSERKRAFT KAM HINZU

So knapp das Geld auch war, die Zweckmäßigkeit und Annehmlichkeiten der Elektroenergie setzten sich im Alltag der Prenzlauer Bürger mehr und mehr durch. Die Zahl der Abnehmer wuchs nach dem Ersten Weltkrieg enorm. Um den gestiegenen Bedarf an Strom decken zu können, entschied sich die Stadt, einige Außenbezirke von der Überlandzentrale Pommern A.-G. versorgen zu lassen, da das eigene Elektrizitätswerk seine Leistungsgrenze bereits erreicht hatte. Doch die Betroffenen waren bald unzufrieden mit der Versorgung, Störungen bescherten der Abnehmerschaft immer wieder erhebliche Stromschwankungen. Das Kuratorium der Stadtwerke beschloss daher 1925, den Teil der Stadt, der bisher von der Überlandzentrale

Wasserkraftwerk Draußenmühle

Pommern mit elektrischem Strom versorgt wurde, wieder selbst vom eigenen Elektrizitätswerk zu beliefern. Die Lösung bot sich in der Erweiterung des Elektrizitätswerks durch eine 600-Kilowatt-Kesseldampfmaschine der Firma A. Borsig und durch den Ausbau der abgebrannten Draußen-Wassermühle in der Nähe des Vorstadtbahnhofs als Wasserkraftwerk an. Modernisierungen und weitere umfassende

Leistungsaufstockungen am Elektrizitätswerk in der Freyschmidtstraße kamen hinzu. Vom 1. Februar 1931 an versorgten das thermische Elektrizitätswerk und das Wasserkraftwerk der Stadtwerke Prenzlau die gesamte Stadt mit Strom. Bei der Stromversorgung gab es in den einzelnen Stadtbereichen allerdings verschiedene Spannungen, 110 oder 220 Volt, und auch Gleich- oder Wechselstrom.　　　　>

1902 – Willis H. Carrier erfindet die Klimaanlage.

1903 – Orville und Wilbur Wright bauen das erste flugfähige Flugzeug; G.C. Beidler entwickelt das Fotokopierverfahren.

1906 – Aus Osmium und Wolfram, den Materialien in einer

elektrischen Glühlampe, setzt sich der Name Osram durch.

1908 – Henry Ford lanciert den T-Ford.
– Frauen werden in Preußen erstmals zum Studium zugelassen.

– Eine vierköpfige Facharbeiterfamilie hat ein durchschnittliches Monatseinkommen von 142 Mark.

1909 – Leo Baekeland patentiert Bakelit, den

ersten kommerziell erfolgreichen Kunststoff;
– Georges Claude erfindet die Neonröhre.

1914 – Beginn des 1. Weltkrieges

1916 – „Gesetz über den vaterländischen Hilfsdienst" tritt in Kraft, es verpflichtet alle Männer von 17 bis 60 Jahren zum Arbeitsdienst. Zunehmend übernehmen Frauen deren Arbeit.

– Die Fleischration auf Marken sinkt von anfangs 250 g auf 70–80 g pro Woche.

1917 – Dezember, Unterzeichnung des Waffenstillstands an der Ostfront
– Hunger im Kohlrübenwinter, Kürzungen der Lebensmittelrationen, Ersatzstoffe treten an die Stelle von wertvollen Rohstoffen: Obstkerne für Speiseöl, Bindfäden aus Zellulose, Schuhsohlen aus Textilien und Papier.

Wittstraße in Prenzlau um 1925

DIE LÖSUNG DES SCHMUTZWASSERPROBLEMS

Als in den Prenzlauer Häusern das Wasser bereits aus den Wasserhähnen lief, war die Abwasserbeseitigung noch ein großes Problem. Das Schmutzwasser wurde in Behältern, beispielsweise in Eimern, gesammelt und anschließend in die Gosse gekippt. Hier lief es, zum Teil auch mit Regenwasser vermischt, weg. Da die Gehöfte noch ländlichen Charakter hatten, befanden sich auf den Höfen oft auch Jauchegruben und Misthaufen und vor allem Plumpsklos. Entsprechende Gerüche, besonders zu den warmen Jahreszeiten, verbreiteten sich in der Stadt. Außerdem gab es Klagen, wie die über den schlechten Zustand der Schwedter Straße im Bereich der Eisenbahnbrücke, die seit 1863 zur Eisenbahnverbindung Angermünde–Prenzlau gehörte. Der Restaurantbesitzer Carl Parchert und seine Frau, die zwischen 1884 und 1925

Eigentümer der Gaststätte „Süßer Grund" hinter dem Bahndamm waren, beschwerten sich bei der Stadt, dass bei Regenwetter der Weg so aufgeweicht wird, dass die Leute nicht mehr trockenen Fußes zur Gaststätte am „Süßen Grund" gelangen konnten und ihnen dadurch Einnahmen entgingen. Auch

Gespannfahrzeuge schafften es zum Teil nur mit doppelter Bespannung durch den Schlamm.

Das muss auch noch so gewesen sein, als das Prenzlauer Wasserwerk am Ende der Schwedter Straße vor der Bahnbrücke 1899 in Betrieb ging. Neben der Versorgung der Stadt mit dem kostbaren Nass beschäftigte die Stadtväter und natürlich auch die Wasserwerker zunehmend die Entsorgung des massenhaft anfallenden Schmutzwassers. Die Kanalisation war eine städtische Pflicht und deshalb unterlag sie der Leitung des Magistrats, aber die Verantwortlichen des städtischen Versorgungsbetriebes entwickelten bereits kurz nach der Jahrhundertwende ihre Ideen und Vorschläge für den Umgang mit dem Abwasser, um das Projekt Kanalisation in Prenzlau forciert voranzutreiben. Diskutiert wurden zwei Problemfelder: Der Bau einer flächendeckenden und auf Zuwachs orientierten Kanalisation

Bis Mitte des 20. Jahrhunderts waren Plumpsklos noch typisch in Prenzlau

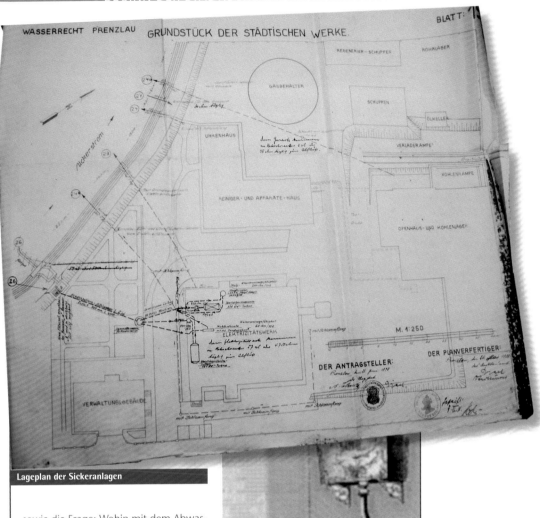

WASSERRECHT PRENZLAU GRUNDSTÜCK DER STÄDTISCHEN WERKE.

Lageplan der Sickeranlagen

sowie die Frage: Wohin mit dem Abwasser? Nach damaligem Erkenntnisstand ging man davon aus, dass Städte, die an Meeren oder an Flüssen liegen, ihre Fäkalstoffe unbesorgt in diese hineinleiten können.

Doch Bedenken machten sich breit und Erfahrungen aus Hamburg, Berlin und Frankfurt (Oder) zeigten, dass es hygienischer ist, die Abgangsstoffe vor dem Abführen in den Fluss erst zu reinigen. Experten empfahlen aus Kostengründen eine getrennte Abführung. Einerseits die Reinigung der Hauswässer und Fäkalien in einem Klärwerk und andererseits die direkte Ableitung des Regenwassers in öffentliche Gewässer. **>**

Wasserklosett aus Gusseisen um 1910

Prenzlauer Stadtarchiv:

1929
Der Mitteltorturm erhält eine Pumpenstation, um das Schmutzwasser aus der tiefer gelegenen Neustadt zur Kläranlage zu befördern.

Die Stadtschule II in der Winterfeldtstraße erhält eine moderne Turnhalle.

1930
Bruno Bock eröffnet im Juli eine neue Apotheke in der Stettiner Str. 5.

Das Wohnhaus des Klärwerkmeisters mit Parkanlage

DAS VIERTE WERK GEHT ANS NETZ

In den Jahren 1911 bis 1914 wurde in Prenzlau dann an einer zentralen Kanalisation und Abwasserbeseitigung gearbeitet. Die vorliegenden Pläne zeigen, dass bei dieser Arbeit weit vorausgedacht wurde. Auf einem Stadtplan für die Entwässerung aus dem Jahr 1911 sind auch geplante Straßen eingezeichnet, die erst viel später oder gar nicht gebaut wurden. Auch für diese geplanten Straßen wurden bereits die geografiischen Höhen eingetragen, die für die Berechnung der Entwässerungsleitungen notwendig sind. Ganz bewusst errichtete man getrennte Rohrsysteme für die Schmutz- und Regenwasserrableitung. Dadurch konnte das erste zentrale Klärwerk der Stadt

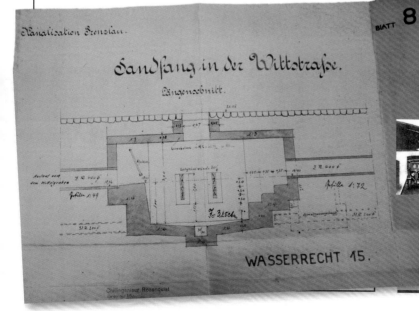

Kanalisation Prenzlau.

BLATT 8

Sandfang in der Wittstraße.

Längenschnitt.

WASSERRECHT 15.

Civilingenieur Rosenqual

Luftaufnahme von Prenzlau um 1930

Prenzlau, das 1914 am heutigen Standort gebaut wurde, relativ klein ausfallen. Damit war das vierte Werk im Besitz der Stadt.

Mit der Inbetriebnahme der Kanalisation und des Klärwerkes 1914 stieg der Wasserbedarf sprunghaft an, verglichen mit 1909 um ca. 40 Prozent. Man konnte das gebrauchte Wasser jetzt einfach wegfließen lassen. Spülklosetts und Badewannen erober-

ten deshalb die Häuser der wohlhabenden Bürger.

1916 wurde der Besitzer des Restaurants „Süßer Grund"

Carl Parchert zum Kriegsdienst eingezogen. Als der Hausherr aus dem Krieg zurückkehrte, begann eine schlechte Zeit in Deutschland. Der Gaststättenbetrieb lief nicht mehr. ❯

Angefertigt Prenzlau im Maerz 1911
durch das Stadtbauamt

Stadtbaurat.

Die Grundstücke, die die Familie Parchert vor dem Krieg für den stolzen Preis von 1,00 Mark je Quadratmeter erworben hatte, sollten jetzt etwas Gewinn bringen. Die Stadt suchte Grundstücke, um für das Wasserwerk neue Wasserquellen (Brunnen) zu erschließen. Carl Parchert besaß so ein Grundstück am Weg zum Gesundbrunnen. Der Magistrat bot Parchert für sein Grundstück von 1.900 Quadratmeter 1.500 Mark, der Verkäufer wollte aber 2.500 Mark. Am 25. März 1919 einigte man sich. Der unterschriebene Notarvertrag dokumentiert eine Summe von 2.500 Mark. Parchert hatte ein gutes Geschäft gemacht.

1919 erhielt die Schwedter Straße eine Straßenentwässerung, allerdings unter erschwerten Bedingungen als Notstandsarbeit.

Prenzlauer Stadtarchiv:

1930
Reichstagswahlen im September – in Prenzlau wird die NSDAP mit 3.371 Stimmen stärkste Partei . Die SPD kommt auf 2.781, die DNVP auf 2.262 und die KPD auf 1.800 Stimmen. Insgesamt beteiligten sich 12.440 Prenzlauer an der Wahl.

Mitteltorturm

Da das Stadtgebiet unterschiedliche Höhen aufweist, wurde es in Hoch- und Tiefgebiete unterteilt. Aus den Hochgebieten floss das Abwasser in Freigefälleleitungen bis zur Kläranlage. Um das Abwasser aus den Tiefgebieten abzuleiten, wurden Pumpwerke errichtet, von denen aus das Schmutzwasser in Bereiche mit Freigefälleleitungen gepumpt wurde. Solche Pumpwerke befinden sich zum Beispiel heute noch in der Schwedter Straße, am Vorstadtbahnhof und am Mitteltorturm. Im Pumpenhaus in der Schwedter Straße wurde mit einer Dampfmaschine eine Kolbenpumpe angetrieben. In den 1930er Jahren wurden dann Elektromotoren mit Kreiselpumpen eingesetzt.

Bei der Trinkwasserversorgung gab es in Prenzlau nach einigen Jahren Betriebszeit immer wieder mal Schwierigkeiten. Die Ergiebigkeit der Brunnen war sehr unterschiedlich, einige versagten sogar schon relativ kurze Zeit nach dem Bohren. In den Jahren nach 1911 kam es immer wieder vor, dass die Gewährleistung der Trinkwasserversorgung zum Problem wurde. Neue Brunnen mussten gebohrt werden. Es wurde auch versucht, versiegte Brunnen durch verschiedene Maßnah-

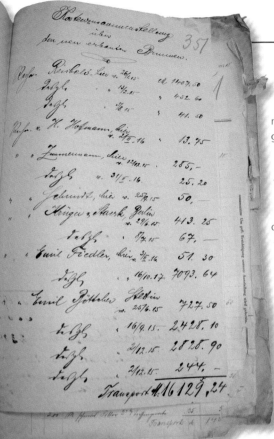

men wieder zu aktivieren. Doch die Erfolge waren nicht von langer Dauer.

Im Sommer 1915 wurde vom Magistrat der Stadt Prenzlau sogar die Nutzung des Trinkwassers aus der Leitung für das Sprengen der Gärten verboten. Das Aussprechen eines solchen Verbotes kam in den 1970er und 1980er Jahren häufiger vor. ›

Kläranlage um 1934

Oberer Markt mit Stadtwerke-Büro

wurde in einem Ladengeschäft neben Kaisers eine Geschäftsstelle, also ein Kundenbüro, eingerichtet. Interessierte Bürger konnten sich dort kompetent beraten lassen sowie ihre Anliegen und Probleme klären. Beratungen wurden auf Wunsch auch vor Ort bei den Kunden oder im Verwaltungsgebäude der Stadtwerke in der Freyschmidt- straße durchgeführt.

„UNSERE GEFOLGSCHAFT ARBEITET FÜR DICH"

In den 1930er Jahren wurden die Stadtwerke unter der Leitung des Direktors Dr. Fischer zu einem immer wichtigeren Partner der Prenzlauer. Sie entwickelten sich zum Dienstleister für ihre Kunden mit den Hauptsparten Wasser, Gas und Strom. Die Symbole für diese Sparten fanden dann auch in dem recht moder-

Unsere Gefolgschaft arbeitet für Dich
für Deine Behaglichkeit
für Deine Zufriedenheit
für Deine Freude am Leben

Gas . . . . ist Dein nimmermüder Helfer
Elektrizität . . . . Dein treuer Diener
Wasser . . . . . . Dein Lebensquell
Unsere Bäder . . spenden Dir Erholung und Erfrischung

Stadtwerke Prenzlau

Kostenlose Beratung durch unseren Hausdienst - Fernruf 261/262

nen Logo für die damalige Zeit ih- ren Niederschlag. Es enthielt den Wasserturm, den Gasbehälter und einen Strommast. Dazu wurden entsprechende Werbesprüche ver- wendet. Die aufwändig gestalte- ten Kopfbögen waren mit Prägun- gen versehen. Am oberen Markt

Muster- und Schauküche der 1930er Jahre

Eine Verkaufs- und Werbeausstellung der Stadtwerke für Elektrogeräte um 1934

Hier befand sich in der unteren Etage sogar eine Verkaufsausstellung, in der Gas- und Stromgeräte präsentiert wurden.

Um die Kenntnisse dieser Errungenschaften der modernen Technik möglichst schnell zu verbreiten, entstanden allerorts, wie beim Hausfrauenverein oder auch den Stadtwerken Prenzlau, elektrische Musterküchen, in denen die interessierte Hausfrau die vielseitige Verwendung der

OSRAM-Präsentation

Elektrizität im Haushalt studieren konnte.

Elektrische Kleingeräte wurden präsentiert, geschultes Personal erläuterte den Gebrauch und Lehrtafeln verdeutlichten die Kostenersparnisse, wenn man mit Strom arbeitete. In einer Zeit wirtschaftlicher Not war dies das wirksamste Argument für die Elektrizität. ›

Vorführküche in Prenzlau

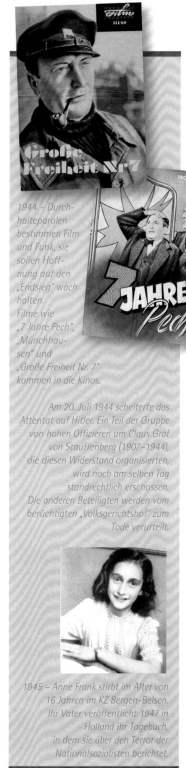

1944 – Durchhalteparolen bestimmen Film und Funk, sie sollen Hoffnung auf den „Endsieg" wach halten. Filme wie „7 Jahre Pech", „Münchhausen" und „Große Freiheit Nr. 7" kommen in die Kinos.

Am 20. Juli 1944 scheiterte das Attentat auf Hitler. Ein Teil der Gruppe von hohen Offizieren um Claus Graf von Stauffenberg (1907–1944), die diesen Widerstand organisierten, wird noch am selben Tag standrechtlich erschossen. Die anderen Beteiligten werden vom berüchtigten „Volksgerichtshof" zum Tode verurteilt.

1945 – Anne Frank stirbt im Alter von 16 Jahren im KZ Bergen-Belsen. Ihr Vater veröffentlicht 1947 in Holland ihr Tagebuch, in dem sie über den Terror der Nationalsozialisten berichtet.

Elektrische Licht- u. Kraftanlage, sowie Radio-, Telephon- und Signal-Anlagen
führt die Firma

Otto Hartung

Stettiner Str. 7, Holzpavillon, Tel. 467 aus

Im hier neben sichtbaren Ausstellungsraum ist auch zu ersehen, daß eine
**reichhaltige Auswahl
in Beleuchtungs-Gegenständen,
sowie Elektrizitäts- und Radio-
geräten aller Art**
vorhanden ist.

Prenzlauer Stadtarchiv:

1934
Am Wiesengrund
entstehen 20 Not- und
Behelfswohnungen.

Die Georgenstraße wird
mit Wohnungen bebaut.

1936
Im Februar findet die
erste Verdunklungsübung
in Prenzlau statt.

Fertigstellung und feier-
liche Übergabe der ersten
100 km Autobahn.

1937
Die Einrohrung des
Mittelgrabens ist soweit
fertig, dass die Kanalisa-
tionsanschlüsse gelegt
werden können.

1939
Prenzlau zählt 26.870
Einwohner.

1941
Die Bronzeglocken von
St. Marien läuten am
28. Juni zum letzten Mal.
In den darauf folgenden
Tagen werden sie für
Kriegszwecke demontiert.

1944
Die Altarfiguren der
Marienkirche werden
zum Schutz vor Bomben
in eine Kammer des
Turms eingemauert.
Dadurch haben sie
den Krieg unbeschadet
überstanden.

Karl Kennemann

Inh. Arnold Kennemann
Klempnermeister und Installateur
Gegr. 1859 • Telephon 232 • Prinzenstraße 637

Moderne sanitäre Anlagen
❖
Bauklempnerei
❖
Gas- und Wasser-Installation
❖
Blitzableiter

Elektrische Licht- u. Kraft-Anlagen

Schwachstrom / Radio / Beleuchtungskörper

Franz Kersten, Prenzlau

Güstower Chaussee 1   Telefon 821

Betriebswache

Reinhold Zastrow, Baugeschäft

Prenzlau, Steinstraße 425
Tel.: 123 – Gegründet 1882

Bauausführungen

jeder Art und Größe.

Billigste Berechnung.

Behördliche und private
Referenzen.

Kanalisations-Arbeiten

Prenzlau unter Strom

EIN TURM OHNE SPITZE, EIN KRIEG OHNE ENDE

Im Jahr 1936 musste die Turmspitze des Wasserturms in der Grabowstraße entfernt werden, weil sie den Flugbetrieb des in 600 Meter Entfernung gelegenen Flugplatzes behinderte. Die ursprüngliche Höhe des Wasserturmes mit dem Kegeldach betrug damals ca. 40 Meter.

Mit dem zunehmenden Trinkwasserverbrauch stieg natürlich auch die Menge des zu reinigenden Abwassers. Das Klärwerk geriet bald an die Grenzen seiner Reinigungskapazität. Umbauten und Erweiterungen wurden mehrfach erforderlich. Eine besondere Situation scheint im Kriegsjahr 1940/41 eingetreten zu sein. Wie aus einem Schreiben des Wasserwirtschaftsamtes vom 3. Januar 1941 ersichtlich ist, stand nach 27 Jahren Betriebszeit eine Entscheidung zwischen Erweiterung der Kläranlage oder Verregnung der Abwässer auf geeigneten Flächen und gleichzeitiger Schließung der Kläranlage an. In einem acht Seiten umfassenden Gutachten wurden die Vorzüge einer Verwertung auf den umliegenden Feldern gepriesen.

Der Krieg und damit einhergehende unglaubliche Sparzwänge hatte die Prenzlauer Versorgungs- und Entsorgungswirtschaft erreicht. Durch die Kriegsentwicklung, der zuständige Beamte Teget vom Wasserwirtschaftsamt Berlin wurde am 5. Mai 1941 zum Kriegsdienst eingezogen, wurde dieser Vorgang jedoch nicht weiter verfolgt.

Im Verlauf des Krieges kamen immer mehr Menschen aus den Kriegsgebieten auch nach Prenzlau. Die Anzahl der Bevölkerung erhöhte sich ständig. Damit wuchsen der Trinkwasserbedarf und der Löschwasserbedarf für die Brandbekämpfung nach Luftangriffen. So entstand im Jahr 1943 die zweite Brunnenanlage am Unteruckersee in Höhe des Uckerstadions. Selbst diese Maßnahme reichte bald nicht aus. Es gab z.B. 1944 einen Vorschlag, Uckerseewasser mit Hilfe von Feuerwehrschläuchen in einen Brunnen zu pumpen. Von dort sollte sich das Wasser im Untergrund verteilen und dann gereinigt in den anderen Brunnen zur Verfügung stehen. Ob dieser Vorschlag realisiert wurde, ist nicht bekannt. ‹

Wasserturm vor 1936

Wasserturm nach dem Abbau der Spitze

1945 bis 1989

Von der Stunde Null
bis zur Planwirtschaft

Prenzlauer Stadtarchiv:

1945
An allen Schulen des
Kreises wird
der Schulunterricht
eingestellt.

Beim ersten
Bombenangriff auf
Prenzlau wird u.a. das
Gebäude der Deutschen
Reichsbank in der
Stettiner Straße
getroffen.

Am 25. April beginnt um
4.00 Uhr ein schwerer
Bombenangriff, der zu
erheblichen Zerstörun-
gen und Bränden führt.
Die Prenzlauer verlassen
fluchtartig die Stadt.

Oberste Priorität: sauberes Wasser

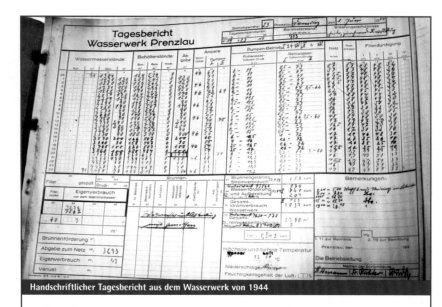

Handschriftlicher Tagesbericht aus dem Wasserwerk von 1944

Stadtarchiv Prenzlau:

1945
Ende April – Die ersten
geflohenen Einwohner
kehren in die noch
brennende und zerstörte
Stadt zurück. Zum ersten
Stadtkommandant
wird Major Staroselski
ernannt.

Mitte Mai werden in
Prenzlau über 8.100
Einwohner gezählt.

Mai 1945 – Prenzlau war zu 85 Prozent zerstört und das öffentliche wie wirtschaftliche Leben weitestgehend lahmgelegt. Während in Berlin die letzten Kämpfe tobten, wurde schon am 3. Mai 1945 Ernst Lüdke, Mitarbeiter des städtischen Wasserwerks und einziger kompetenter Techniker vor Ort, vom sowjetischen Stadtkommandanten Major N. J. Staroselski beauftragt, „unverzüglich an die Instandsetzung des Wasserwerks zu gehen." Zum Direktor ernannt, erhielt er einige Mitarbeiter, denn „Wasser ist das Wichtigste", so der Major. Bereits am 18. Mai arbeitet ein großer Teil der Wasserversorgung wieder. Jedoch nur eingeschränkt, da das Elektrizitätswerk aufgrund der Kohleknappheit nur unregelmäßig Strom lieferte.

Gemessen am damaligen Potenzial, stieg der Wasserverbrauch jedoch schlagartig an, sodass ein strikter Sparkurs gefahren werden musste. Von noch größerem Nachteil war, dass die Qualität des Trinkwassers stark beeinträchtigt wurde. Es wurden Stäbchenbakterien nachgewiesen, die als Erreger eines typhusähnlichen Magenkatarrhs galten. Das Wasser und auch die Abwässer der Hospitäler mussten als größte Keimherde stark mit Chlorkalk desinfiziert und die Filter gereinigt werden. Zusätzlich wurden die Brunnen umzäunt, verschlossen und verplombt.

Dass die Mitarbeiter des Wasserwerks als äußerst wichtig eingestuft waren, zeigt auch die Tatsache, dass neben Kindern auch Wasserwerkern Extrarationen Zucker zustanden und sie weder bei Ernteeinsätzen noch bei allgemeinen Enttrümmerungsarbeiten herangezogen wurden. Am 18. Juli wurde das Wasser sogar abgestellt, um wegen der großen Seuchengefahr die Straßen reinigen zu können. Eine Lösung des Problems zeichnete sich ab, als Ende August endlich aus Strasburg herbeigeschaffte Pumpen am Ostufer des Uckersees in schon vorhandene Brunnenlöcher eingebaut werden konnten und somit die Wasserversorgung wieder stabilisiert war.

Hinzu kam eine Forderung des Stadtkommandanten, die Einnahmen des Wasserwerkes doppelt so hoch anzusetzen wie die Ausgaben. Die Prenzlauer waren aufgefordert, bis Ende September Wassergeld zu bezahlen. Bürgermeister Herrmann Kolb sollte bei Missachtung persönlich zur Verantwortung gezogen werden. Ob dies wirklich geschah, ist nicht mehr nachzuvollziehen; außerdem war Kolb im Dezember 1945 schon nicht mehr im Amt.

ZWISCHEN STROMSPERRE UND ZUVERSICHT

Die Mitarbeiter der Stadtwerke krempelten buchstäblich die Ärmel hoch und beseitigten zumindest die größten Schäden. Die meisten der Anlagen konnten 1947 wieder vollständig betriebsfähig gemeldet werden. Zwei Jahre nach Kriegsende keimte unter der Bevölkerung Zuversicht und Hoffnung auf, den Wiederaufbau realisieren zu können. Obwohl „Kohleklau", „Hamsterfahrten" und „Schwarzmarkt" weiterhin zu den Alltäglichkeiten gehörten, machte sich langsam Optimismus breit. Ob es nun die regelmäßig herausgegebenen Aufmunterungsparolen wie „Erst besser arbeiten, dann besser leben" oder der natürliche Selbsterhaltungstrieb sowie die nach vorn gerichtete Anpackmentalität war, die Menschen wollten Frieden und

genug zu essen, dafür lohnte es zu arbeiten.

Aufgrund der gegebenen Umstände hielt man die Bevölkerung zu größter Sparsamkeit im Stromverbrauch an. Im Gesetz Nr. 7 vom 30. November 1945 sowie im Befehl Nr. 55 der Sowjetischen Militäradministration vom 13. Februar 1946 wurde der Bezug von Elektroenergie und Gas rationiert. Danach stand jeder Familie in 24 Stunden eine halbe Kilowattstunde zu. Haushalte, in denen die Essenzubereitung nur elektrisch erfolgen konnte, erhielten zusätzlich 1,2 Kilowattstunden. Äußerste Rohstoffknappheit verhinderte eine kontinuierliche Versorgung mit Energie. Sowohl beim Gas als auch bei Strom gab es regelmäßig Abschaltungen in den abendlichen Spitzenzeiten. Die Bevölkerung musste bei Androhung drastischer Geldstrafen mit 20 Kilowattstunden je Zähler und Monat auskommen. Das elektrische Kochen war von 6.00 bis 22.00 Uhr vollständig untersagt.

Die Benutzung von Motoren oder elektrischen Geräten wie Bügeleisen oder Heizsonnen wurde verboten. Dennoch konnten diese Maßnahmen nicht verhindern, dass das Spitzenlastkontingent nie mit dem realen Bedarf übereinstimmte. **>**

Kontrollrat

Gesetz Nr. 19

Aenderung des Gesetzes Nr. 7 vom 30. November 1945 über Rationierung von Elektrizität und Gas

Der Kontrollrat hat das folgende Gesetz beschlossen: Artikel III des Gesetzes Nr. 7 wird hiermit aufgehoben. An seine Stelle treten die folgenden Bestimmungen.

Artikel III

1. Wer gegen dieses Gesetz oder eine auf Grund dieses Gesetzes ergangene Anordnung verstößt, hat
a) Zuschlagsgebühren,
b) Einstellung der Versorgung und
c) strafgerichtliche Verfolgung
oder eine dieser Strafmaßnahmen zu gewärtigen.

2. Jeder die genehmigte Zuteilung übersteigende Verbrauch von Elektrizität oder Gas zwischen zwei aufeinanderfolgenden Zählerablesungen wird wie folgt bestraft:
a) Wenn der Mehrverbrauch weniger als 10 Prozent der Zuteilung beträgt:
I. für die erste Zuwiderhandlung durch Mehrverbrauch:
eine Zuschlagsgebühr für den Mehrverbrauch in 100facher Höhe der Normalgebühr je Kilowattstunde oder Kubikmeter.
II. für die zweite Zuwiderhandlung gleicher Art:
neben der unter (I) festgesetzten Strafe Einstellung der Versorgung für 30 Tage.
III. für die dritte oder jede weitere Zuwiderhandlung gleicher Art:
neben den unter (I) und (II) aufgeführten Strafen Gefängnisstrafe bis zu drei Monaten, an deren Stelle Geldstrafe nicht zulässig ist.
b) Wenn der Mehrverbrauch 10 Prozent der Zuteilung übersteigt:
I. für die erste Zuwiderhandlung durch Mehrverbrauch:
eine Zuschlagsgebühr für den Mehrverbrauch in 100facher Höhe der Normalgebühr je Kilowattstunde oder Kubikmeter, verbunden mit einer Einstellung der Versorgung für 30 Tage.
II. für die zweite oder jede weitere Zuwiderhandlung gleicher Art:
neben den unter (I) festgesetzten Strafen Gefängnisstrafe bis zu drei Monaten, an deren Stelle Geldstrafe nicht zulässig ist.

3. Ein Verbraucher, der Strom oder Gas für einen gesetzlich verbotenen Zweck verwendet oder absichtlich das normale Funktionieren seines Zählers stört oder sich betrügerischerweise Strom oder Gas verschafft oder zu verschaffen versucht, wird mit Gefängnis bis zu einem Jahr und mit Geldstrafe von 100.— bis 500.— RM oder mit einer dieser Strafen bestraft. Das Gericht kann darüber hinaus die Einstellung der Elektrizitäts- oder Gasversorgung für eine Zeitspanne bis zu drei Monaten anordnen.

4. Inspektoren, Zählerableser oder andere Angestellte der Versorgungsbetriebe, die bei einer Zuwiderhandlung gegen eine auf Grund dieses Gesetzes erlassene Vorschrift Hilfe oder Vorschub leisten oder eine solche Zuwiderhandlung dulden, werden für jedes Vergehen mit Gefängnis bis zu einem Jahr und Geldstrafe von 100.— bis 500.— RM oder mit einer dieser Strafen bestraft.

5. Die für die Elektrizitäts- und Gasversorgung verantwortlichen Betriebe sind berechtigt, unmittelbar und ohne strafgerichtliches Urteil gemäß Absatz 2 dieses Artikels Zuschlagsgebühren aufzuerlegen oder die Versorgung einzustellen, wobei sie den Weisungen und der Aufsicht der zuständigen Behörden der Militärregierung unterstehen. Andere Strafen können nur durch ein Strafgericht verhängt werden. Für die Aburteilung sind entweder deutsche Gerichte oder Gerichte der Militärregierung zuständig.

Dieses Gesetz zur Aenderung des Gesetzes Nr. 7 tritt am ersten Tage desjenigen Kalendermonats in Kraft, der der Veröffentlichung des gegenwärtigen Gesetzes folgt.

Ausgefertigt in Berlin, den 20. März 1946.

Generaloberst M a l i n i n
General M c N a r n e y
Generalleutnant R o b e r t s o n
Armeekorpsgeneral K o e n i g

Zerstörte Innenstadt von Prenzlau

Bei Kontrollen in Geschäften, Betrieben und auch Privathaushalten erwischte man immer wieder „Stromvergeuder", die mit drastischen Geldstrafen, Komplettstromsperrungen und im Wiederholungsfall sogar mit Gefängnis rechnen mussten. Die Not machte erfinderisch – Stromdiebstahl durch das direkte Anzapfen des Zählers oder das Manipulieren von Zählerständen stand auf der Tagesordnung. Doch die Lage spitzte sich weiter zu. Die SMAD erließ am 17. Januar 1947 den Befehl Nr. 24 zur Stromeinsparung und Reduzierung des Verbrauchs. Den Stadtwerken war dieser Befehl anscheinend im Vorfeld bekannt gegeben worden, denn bereits am 15. Januar hatte man mit einer Stellungnahme reagiert, die „eine erneut geplante Einsparung von 40 Prozent auf breiter Grundlage für den zivilen Sektor sowie für Handel und Gewerbetreibende und die Industrie" vollkommen ausschloss.

VERSORGUNG BEREITET SORGEN

Mit Sorge sahen die Energiewirtschaftler aber auf die Erfüllung ihres Versorgungsauftrages. Versorgung bedeutete in diesen ersten Nachkriegsjahren nicht nur die Aufgabe maximal Strom zu verkaufen, sondern die Sorge um die machbare Verteilung des nicht ausreichend vorhandenen Stroms. Von den 1944 in den Gebieten der späteren Sowjetischen Besatzungszone installierten 8.134 Megawatt Kraftwerksleistung waren 1946 noch 5.030 Megawatt übrig geblieben. Zerstörungen und Demontagen insbesondere moderner leistungsfähiger Anlagen als Reparationen führten zu einer Kapazitätsminderung von fast 40 Prozent. In der preußischen Provinz Brandenburg lag die Reduzierung der Kraftwerksleistung sogar bei 57 Prozent und damit weit über dem allgemeinen Durchschnitt. Die Bedingungen für eine auch nur halbwegs zuverlässige Energieversorgung waren also denkbar ungünstig. Hinzu kamen noch sich anbahnende Veränderungen der Eigentumsverhältnisse sowie der Zusammenbruch des deutschlandweiten Verteilungsnetzes.

Vor 1945 war die deutsche Stromwirtschaft als Verbund mit einem gut funktionierenden Stromaustausch zwischen den produzierenden Schwerpunktstandorten im Süden, im Ruhrgebiet sowie im Kohlerevier der Lausitz organisiert. Nach dem Zusammenbruch zerschlugen sowohl die Aufteilung Deutschlands in Besatzungszonen als auch Kriegszerstörungen und Demontagen von Erzeugungs- und Verteilungsanlagen dieses System. Stromlieferungen von den Wasserkraftwerken am Neckar oder vom Steinkohlerevier im Ruhrgebiet in den Raum Brandenburg waren politisch und technisch nicht mehr möglich. An diese Stelle trat im russischen Besatzungsgebiet nur die Verteilung bzw. Zuteilung des Mangels. Doch trotz der allgemeinen Richtlinie für Stromeinschränkungen und Abschaltungen wurde die Lage nicht besser. Denn allein durch die Zuordnung einer bestimmten Energiemenge zu den Verbrauchsgruppen konnte das Defizit nicht annähernd ausgeglichen werden. Die überhaupt mögliche Stromproduktion entsprach bei Weitem nicht der realen Bedarfshöhe und das sollte auch noch einige Jahre so bleiben. Bei der Gasversorgung stellte die schlechte Qualität des Gases ein großes Problem dar. Die Steinkohlelieferungen aus Niederschlesien und aus dem Ruhrgebiet blieben aus, sodass allein heimische Braunkohle verfügbar

war, aber das Braunkohlegas mit seinem geringen Heizwert eignete sich nicht für alle Verwendungszwecke. Hinzu kam der schlechte Zustand des Gasnetzes. Die Bilanz wies einen täglichen Leitungsverlust von einigen Hundert Kubikmetern Gas aus. Damit gingen etwa 20 bis 25 Prozent der schon völlig unzureichenden Produktion durch Undichtheiten verloren.

Gaswerk mit Gasometer um 1950

Selbst noch zu Zeiten des KWU (Kommunalwirtschaftliches Unternehmen, eine Zwischenstufe auf dem Weg zum Volkseigenen Betrieb VEB) informierte ein Rundschreiben der Landesregierung vom 2. Januar 1951 über folgende Anordnung: „wonach auf Anweisung des Ministeriums für Schwerindustrie der DDR ... sämtliche Gaswerke verpflichtet wurden, sofern der Kohlevorrat auf 4 Tage des planmäßigen Durchsatzes abgesunken ist, Kohleeinsparungen durch Gassperrstunden einzuführen. Außerdem ist angeordnet, den Gasdruck auf das technisch mögliche Minimum und den Heizwert auf 3.000 kcal. per cbm abzusenken. Da auch heute die Kohlelage sich nicht wesentlich verbessert hat, muss diese Anordnung noch in Kraft bleiben."

Gaswerk um 1950

Der Heizwert des Gases betrug vor dem Kriege ca. 4.100 bis 4.200 Kilokalorien je Kubikmeter. In den letzten Kriegsjahren und in den Jahren nach dem Umbruch sank der Heizwert auf ca. 3.000 Kilokalorien je Kubikmeter. Der wirtschaftlichste Heizwert liegt bei 3.800 Kilokalorien je Kubikmeter. Die angestrebte Kohleeinsparung wurde sehr oft mit der Herstellung von Wassergas erzielt. ‹

Ansicht vom alten Gaswerk

Befehl für Befehl
in Richtung Zentralverwaltung

Hoffnung auf bessere Zeiten

Oberer Markt nach dem Krieg

Prenzlauer Stadtarchiv:

1946
Der Befehl Nr. 62
der SMAD vom
25. Februar sichert
zinsgünstige Kredite für
Neubauern in Höhe von
1.500 Mark zu.

Die Einwohnerzahl
der Stadt Prenzlau steigt
auf 17.200 Personen.

Im Kreis Prenzlau sind
107 Volksschulen,
eine Oberschule und eine
Hilfsschule vorhanden.
13.655 Schüler werden
von 345 Lehrkräften
unterrichtet.

Bereits kurz nach Kriegsende war absehbar, dass sich der Wiederaufbau in der Sowjetischen Besatzungszone (SBZ) an den Organisationsstrukturen der Besatzungsmacht orientieren würde. 1946 begann man mit ersten Maßnahmen die Umgestaltung der politischen und wirtschaftlichen Strukturen in der Sowjetischen Besatzungszone. 1947 entstand mit der Auflösung des preußischen Staates aus der preußischen Provinz Brandenburg das Land Brandenburg.

Es war abzusehen, dass die bisherigen Eigentumsformen schrittweise in staatliche bzw. volkseigene Produktions- und Verwaltungsverhältnisse umgewandelt werden sollten. Mit dem Befehl 138 vom 14. Juni 1947 schuf die Sowjetische Militäradministration (SMAD) die Deutsche Wirtschaftskommission (DWK) als Koordinierungsorgan mit gesetzgebenden Vollmachten. Ihr unterstand auch die Energiewirtschaft, die inzwischen den Status einer Schlüsselindustrie erhalten hatte. Noch 1948 wurden für die Energiewirtschaft der SBZ fünf Vereinigungen Volkseigener Betriebe geschaffen, die als Energiebezirke Nord, West, Ost, Süd und Mitte direkt der Hauptverwaltung Energie bei der DWK angegliedert waren. Am 24. November 1948 erließ die DWK eine neue Kommunalwirtschaftsordnung. Diese entband Gemeinden

Marienkirche, im Vordergrund noch mit Kriegsschäden

und Kreise von ihrer wirtschaftlichen Tätigkeit und forderte die Fusion stadteigener Betriebe zu einer Wirtschaftseinheit, um ihnen den Charakter eines volkseigenen Betriebes zu geben. Somit war auch für Kommunalbetriebe der Weg frei zur Einbeziehung in einen einheitlichen volkseigenen Sektor mit zentral gesteuerter Wirtschaftsplanung.

Die Konzessionsabgabe, 1945 immerhin 73.000 Reichsmark, 1947 sogar noch 90.000 Reichsmark, die in den vorangegangenen Jahren immer ein fester planbarer Posten im Haushalt der Stadt ausmachte, sollte entfallen. Die einst zum Wohle der Stadt und ihrer Bürger gegründeten Gas- und Elektrizitätswerke sorgten durch ihren Versorgungsauftrag nicht nur für eine stabile Belieferung der Prenzlauer Bürger mit Energie, sondern bescherten der Stadtkasse auch nahezu immer zusätzliche Einnahmen. Diese verwendete man für bedürftige Bereiche, was in letzter Instanz allen Bürgern zugute kam. Leider war abzusehen, dass solche Art Zuschüsse für unterfinanzierte städtische Aufgaben in Zukunft nicht mehr zu erwarten waren. ⟩

1946 – Für den Wiederaufbau werden Frauen ohne Altersbegrenzung als „Trümmerfrauen" verpflichtet.

– Beginn der Kriegsverbrecherprozesse gegen die NS-Führung in Nürnberg.

1947 – Nach Scheitern der Moskauer Konferenz der Siegermächte beginnt der Kalte Krieg.

20. Juni 1948 – Währungsreform in den westlichen Besatzungszonen – neues Zahlungsmittel ist die Deutsche Mark (DM).

23. Juni 1948 – Währungsreform in der sowjetischen Besatzungszone.

3. November 1948 – Gründung der HO. Ziel ist es, die Lebensmittelversorgung ohne Zuteilung, aber zu höheren Preisen zu realisieren:
1 kg Margerine = 110 Mark
1 kg Butter = 130 Mark
1 kg Zucker = 33 Mark
1 Brötchen = 0,80 Mark
1 Bockwurst = 6 Mark

Bis zum 30. Juni 1949 hatten die Stadtwerke Prenzlau mit den Bereichen Gas-, Elektro-, Wasserver-, und Abwasserentsorgung ihren Sitz in der Freyschmidtstraße. Danach erfolgte die Änderung der Unternehmensbezeichnung und auch die der Struktur. Vom 1. Juli 1949 bis 30. Juni 1951 firmierte der städtische Versorger als Kommunales Wirtschaftsunternehmen KWU der Stadt Prenzlau. Zuerst wurde der Bereich Strom ausgegliedert und hieß vom 1. Juli 1951 bis 31. Dezember 1952 Volkseigener Örtlicher Industriebetrieb der Stadt Prenzlau. Ab dem 1. Januar 1953 gab es nur noch den Wasserwirtschaftsbetrieb der Stadt Prenzlau. Mit der Trennung zog die restliche Verwaltung der Stadtwerke, sofern man noch von einer Verwaltung sprechen konnte, in das Wasserwerk.

In jenen Jahren wandte sich die DDR politisch vom föderalen Organisationsprinzip ab. Der wachsenden wirtschaftlichen Bedeutung der Kohle- und Energiewirtschaft in der DDR Rechnung tragend, bildete man Anfang 1952 im Ministerium für Schwerindustrie das Staatssekretariat Kohle und Energie, in dem die bisherige Hauptverwaltung Elektroenergie (HVE) aufging. 1952 firmierte der auch für Prenzlau zuständige Energieversorger, die bisherige Betriebsdirektion des Energiebezirkes Nord, zum VEB Energieverteilung Neubrandenburg Volkseigener Betrieb der Energiewirtschaft um.

Durch ein Gesetz vom 23. Juli 1952 entstanden 14 Verwaltungsbezirke. Zwei Jahre später nach der Umwälzung des Staatsgebildes

Gaswerk in den 1950iger Jahren

strukturierte man auch die Energiewirtschaft neu. Die bisherigen Energiebetriebe wurden aufgelöst und auf 14 Volkseigene Betriebe (VEB) der Energieversorgung aufgeteilt. So entstand 1954/55 der VEB Energieversorgung Neubrandenburg.

NEUERER GAB ES ÜBERALL

Als am 13. Oktober 1948 der Bergmann Adolf Hennecke im vogtländischen Oelsnitz in einer Schicht 387 Prozent

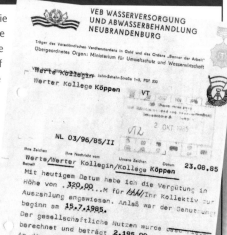

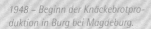
*1948 – Beginn der Knäckebrotpro-
duktion in Burg bei Magdeburg.*

*7. September 1949 Gründung der
Bundesrepublik Deutschland*

*7. Oktober 1949 Gründung der Deut-
schen Demokratischen Republik*

*1949 – „Max braucht Wasser" in
einer einmaligen Aktion bauen 3.000
junge Arbeiter und Studenten in 85
Tagen eine 5 km lange Wasserleitung
von der Saale nach Unterwellenborn.*

Normerfüllung schaffte, glaubte zwar kaum jemand an die Geschichte, dass Hennecke allein und ohne politisch motivierten Anstoß jene Leistung unter Tage erbracht haben sollte. Dennoch war Henneckes Kohleschicht für viele Bürger der Auslöser, darüber nachzudenken, ob man eingefahrene Gleise verlassen und die eine oder andere Idee im Arbeitsprozess umsetzen konnte. Das Land brauchte dringend einen Motivationsschub, um in der immer noch entbehrungsreichen Zeit, bei nach wie vor herrschendem Hunger, bei einem gut florierenden Schwarzmarkt von jedem Mitbürger an jedem Arbeitsplatz Höchstleistungen abverlangen zu können. Seit Juni gab es in den westlichen Besatzungszonen die Deutsche Mark und volle Geschäfte. In der sowjetischen Besatzungszone war man aber von einer ausreichenden Versorgung der Bevölkerung noch immer weit entfernt. Trotzdem standen viele Menschen der neuen Zeit positiv gegenüber. Sie wollten sich einbringen, mit ihrer eigenen Leistung etwas aufbauen, mit ihren Erfahrungen Neues schaffen. Die Aktivität des Adolf Hennecke erreichte das, was sie erreichen sollte, eine Aktivistenbewegung mit Massencharakter.

Auch die Stadt Prenzlau blieb nicht unbeeindruckt von der landesweiten Aufbruchstimmung. Immer wieder gab es Initiativen und Neuerervorschläge, die die tägliche Arbeit erleichterten, besser organisierten oder produktiver gestalteten. Regelmäßig wurden Kollegen dafür ausgezeichnet.

STABILISIERUNG DER VERSORGUNG

Im Gaswerk von Prenzlau wurde noch bis Ende der 1950er Jahre Stadtgas erzeugt und in das Stadtgasrohrnetz eingespeist. Insgesamt erzeugte man in Prenzlau fast 100 Jahre lang Gas selbst. Danach erhielt die Stadt ihr Gas über eine Fernleitung aus Pasewalk. Der Bereich Gas verblieb am alten Standort. Nur die Aufgaben änderten sich. Jetzt galt es die Gasversorgung über die vorhandenen Rohrleitungen zu sichern und das Rohrnetz zu erweitern.

Auch der abgetrennte Bereich Strom verblieb am alten Standort. Es gibt noch Zeitzeugen, die berichten, dass nach dem Krieg neben dem Maschinenhaus zwei Lokomotiven aufgestellt waren. ❭

Mitteltorturm in der 1950iger Jahren

wurden sogar bei verschiedenen Ministerien vorstellig. Nach einem intensiven Briefwechsel zwischen den Verwaltungseinrichtungen konnte jedoch die Finanzierung in Höhe von 100.000 Mark gesichert werden. Um die Jahresmitte wurde begonnen, von diesem Geld Probebohrungen am Schäfergraben (allein am Brunnen Nr. 1 43 Meter), zu bezahlen, weitere Tiefbrunnen zu errichten sowie neue Pumpenhäuser zu bauen.

Im Jahre 1956 gewann man das für Prenzlau nötige Trinkwasser ausschließlich aus den vorhandenen zwölf Brunnen. Die Statistik aus dem gleichen Jahr zeigt, dass von 1951 bis 1955 unter anderem mit dem Ansteigen der Bevölkerungszahlen auch gleichzeitig die Gesamtfördermenge und der durchschnittliche Pro-Kopf-Tagesverbrauch anstiegen.

Die vorhandenen Gebäude und Räume des ehemaligen Gas- und Elektrizitätswerks wurden nicht mehr in vollem Umfang gebraucht. Deshalb zogen hier auch andere Betriebe ein. So wurden zum Beispiel das ehemalige Maschinenhaus (Turbinenhaus) des Elektrizitätswerks durch die Deutsche Post, das Kesselhaus durch den VEB Dienstleistungsbetrieb und das Ofenhaus mit Werkstatt durch den VEB Energieversorgung, Bereich Elektro, genutzt. Im Reinigergebäude verblieb der Bereich Gas des VEB Energieversorgung.

Mit zunehmender Versorgungsstabilität konnten sich die Menschen auch ihre Wünsche nach Elektrogeräten für Freizeit und Haushalt erfüllen. „Der elektrische Strom ist ein wahrer Zauberer. Aus der

Diese wurden für eine zusätzliche Dampferzeugung zum Antrieb der Dampfturbinen für die Stromerzeugung gebraucht. Da nicht immer ausreichend Brennmaterial für die Dampferzeugung zur Verfügung stand, kam es durch den Ausfall der Stromversorgung auch zum Ausfall der Pumpen im Wasserwerk und damit zur Unterbrechung der Trinkwasserversorgung.

Im Laufe der Zeit konnte die Wasserversorgung, so gut es ging, stabilisiert werden. Brunnen und Leitungen wurden, wenn es die finanziellen Mittel zuließen, repariert und erweitert. Jedoch kam

es im Jahre 1953 zu einem Rückschlag.

Infolge der Überbeanspruchung des Rohwasserbrunnens Nr. 12 am Schäfergraben gab dieser ab dem 8. April kein Wasser mehr her. So fehlte eine tägliche Wassermenge von 300 Kubikmetern. Dadurch war unter anderem die Wasserversorgung der Roten Armee gefährdet, die ihre Kasernen am westlichen Stadtrand hatte. Aufgrund der Tatsache, dass nicht genügend Geld vorhanden war, wurde versucht, verschiedene Möglichkeiten auszuschöpfen. Der Ingenieur Carl Salomon und der Bürgermeister

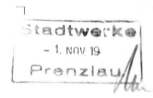

VEB PUMPEN- UND GEBLÄSEWERK LEIPZIG

Werk und Verwaltung:
Leipzig-Plagwitz, Klingenstraße 16-18

Fernruf: Sammelnummer 4 44 86

Drahtanschrift: Rotation Leipzig

Fernschreiber: 5403

Waggonladungen:
Leipzig-Plagwitz, Anschlußgleis 49

Bankkonto:
Deutsche Notenbank Leipzig W 33
Karl-Heine-Straße 54
Konto Nr. 9/1390, Kenn-Nr. 113000

Sachbearbeiter: Flickinger

Wasserwirtschaftsbetrieb
der Stadt Prenzlau

Prenzlau

Stadtwerke
– 1. NOV 19
Prenzlau

LEIPZIG W 31, 27.10.54
Postfach 68

Ihre Zeichen   Ihre Nachricht vom   Unsere Zeichen
                                         KRV-Fl/Nie.
                                         370642.53 TP

Betr.: Änderung ~~des Vertrages über~~
       der brieflichen Vereinbarung vom   9.11./14.11.53
       über: 1 Turbinenpumpe 80 M/4-stufig m/Motor

Ihre Bestellungs-Nr.   B 2775 v. 16.10.53
Unsere Auftrags-Nr.   370642.53

Der ~~Dix~~ mit ~~Vertrag~~/brieflicher Vereinbarung/~~Zusatzvertrag/Zusatzvereinbarung~~/vom   9./14.11.53
festgelegte /~~angetragene~~ Liefertermin :   Oktober 1954 (31.10.54)

unscheinbaren Steckdose liefert er uns nach Wunsch nicht nur Wärme, Licht und Kraft, sondern auch arktische Kälte", notierte einmal eine Tageszeitung, um auf die Vorteile eines Kühlschranks, einer „arktischen Speisekammer", zur wirtschaftlichen Bevorratung hinzuweisen. Neben dem Kühlschrank gehörten vor allem Staubsauger, Elektroherd und die elektrische Waschmaschine zu den Haushaltsgeräten, von deren Nützlichkeit immer mehr Prenzlauer überzeugt waren. Vor allem weil in den Wachstumsjahren immer mehr Frauen ihren häuslichen Arbeitsplatz gegen einen Fabrik- und Büroarbeitsplatz eintauschten, wurden der Hausputz ohne Staubsauger oder die „große Wäsche" ohne elektrische Waschmaschine, auch wenn sie in einer Gemeinschaftswaschanlage stand,

undenkbar. Elektrische Haushaltsgeräte, die es ja seit den ersten Tagen der Elektrizität gab, hatten sich endlich vom Luxusartikel zum arbeitserleichternden Gebrauchsgegenstand gewandelt. Von 1958 bis 1964 war die Anzahl der Kühlschränke in den Haushalten der DDR auf das Zehnfache, die der Fernsehgeräte auf das Neunfache und die der Waschmaschinen sogar auf das Fünfzehnfache gestiegen.   ‹

Prenzlauer Stadtarchiv:

1948
Die Einwohnerzahl steigt auf 19.323 Personen.

1954
Anlässlich des Geburtstages von Karl Marx erhält der neu errichtete Kindergarten in der Siedlungsstraße den Namen „Jenny Marx".

Der Heimatdichter und Schriftsteller Ernst Ziemendorf stirbt im Juli in Prenzlau.

Neue Herausforderungen an die Versorgungswirtschaft

FREIE ERDE
ORGAN DER BEZIRKSLEITUNG NEUBRANDENBURG DER SOZIALISTISCHEN EINHEITSPARTEI DEUTSCHLANDS
Prenzlau, Mittwoch, 24. Juli 1957

Millionen Liter Trinkwasser für die Stadt

Die Stadt verbraucht täglich 5 Millionen Liter

Interessantes aus der Arbeit des Prenzlauer Wasserwerkes

Für uns Stadtbewohner ist das Aufdrehen des Wasserhahnes zu einer Selbstverständlichkeit geworden. Wir machen uns kaum Gedanken darüber, wo das Wasser eigentlich herkommt und wieviel Arbeit in jedem Liter steckt, das in unserer Küche aus der Leitung läuft.

Seit Juni 1899 hat Prenzlau ein Wasserwerk, das in ersten Jahr seines Bestehens 145 597 Kubikmeter (ein Kubikmeter sind tausend Liter) Wasser förderte. 1956 wurden schon 1 628 630 Kubikmeter frei Haus geliefert. Die alten Prenzlauer werden den Bullerbrink und den Schäfergraben kennen. Dort, zwischen Prenzlau und Bündigershof, wurden 1899 zwei Wasseradern für die Beschickung des Wasserwerkes nutzbar gemacht. Durch den artesischen Druck füllte das Wasser die 10 Meter tiefen Kesselbrunnen, und täglich flossen etwa 400 000 Liter mit Gefälle durch Rohrleitungen zum Wasserwerk. Diese Menge reichte aber nur für 5000 Einwohner, und die Ergiebigkeit ließ auch nach. Darum wurden in den Jahren 1928 bis 1930 in diesem Gelände vier neue, etwa 45 Meter tiefe Brunnen gebaut, von denen jeder in der Stunde 30 000 bis 40 000 Liter liefert. In primitiven Holzhäuschen surren heute noch die Elektromotoren, die das Wasser mit einem Saugrohr aus

Diese Rohrwasserpumpe befördert das Wasser in die Filteranlage des Wasserwerkes, in der es von den Eisen- und Schmutzbestandteilen befreit und mit Sauerstoff angereichert wird.

dem Bohrloch holen und in die zum Werk führenden Leitungen drücken. Die Pumpen können je nach Bedarf vom Werk aus ein- und ausgeschaltet werden.

Im Jahre 1943 wurde mit dem Brunnenbau am Ostufer des Uckersees, am Kapwäldchen, begonnen. Damals entstand hier das erste Pumpenhaus, in dem das Wasser aus sechs 10 Meter tiefen Bohrlöchern weiterbefördert wird. In den Jahren nach dem Krieg wurden dann noch sechs weitere Brunnen erschlossen, der letzte wurde 1956 fertiggestellt. Durch eine Rohrleitung von 350 Millimeter Durchmesser fließt dann unser zukünftiges Trinkwasser unter der Uckerpromenade und quer durch den Uckersee zu seiner weiteren Aufbereitung ins Wasserwerk.

Ein flacher Hügel erhebt sich auf dem Betriebsgelände des Wasserwerkes. „Darunter befindet sich der Rohwasserbehälter, in den die Rohrleitungen aus den beiden Brunnengeländen münden", erklärt der Leiter des Wasserwirtschaftsbetriebes der Stadt Prenzlau, Ingenieur Salomon. Zwei große Pumpen erfüllen den gekachelten, sauberen Maschinenraum Tag und Nacht mit ihrem Lärm. Die Rohwasserpumpe befördert das Wasser aus dem Behälter über eine moderne, vollkommen geschlossene Filteranlage, in

Bohrlochkreiselpumpe in einem Pumpenhäuschen am Uckersee. Die Pumpe befindet sich im Bohrloch und ist mit dem auf dem Bild sichtbaren Motor durch Gestänge verbunden.
Fotos: Menz

der es von seinen Eisen- und Schmutzbestandteilen befreit wird, in einen Reinwasser-Sammelbehälter. Eine Reinwasser-Kreiselpumpe speist

ununterbrochen mit einem Druck von 6,2 atü das Leitungsnetz der Stadt.

An das Netz ist auch der Wasserturm angeschlossen. Bei geringem Verbrauch steigt der Wasserspiegel im Behälter des Turmes, um in den Zeiten größten Verbrauchs wieder zu sinken. Dadurch wird der Druck im Leitungsnetz ausgeglichen.

Wassermeister Richter kontrolliert im Maschinenraum die Pumpen und Armaturen. Er verrät, daß er schon seit 1919 im Wasserwerk tätig ist und als Schlosser angefangen hat. „Ich bin seit 1938 Wassermeister", erzählt er, „Eine 25- bis 30jährige Dienstzeit ist bei uns keine Seltenheit. Kollege Lüdtke kann bald sein 50jähriges Dienstjubiläum feiern. Der Berufsnachwuchs fehlt uns aber." „In diesem Jahr stellen wir zwei Lehrlinge ein", ergänzt Betriebsleiter Salomon. „Wasserwerker ist nämlich ein neuer Lehrberuf. Die Lehrlinge können sich zum Wassermessermechaniker und -prüfer, Wassermeister und bis zum Betriebsleiter weiterentwickeln."

Dem weiteren Wachsen unserer Stadt entsprechend wird Prenzlau noch ein zweites Wasserwerk erhalten, das am Röpersdorfer Wiesenweg, am Westufer des Uckersees, entstehen wird. Das Werk wird nach seiner Fertigstellung mit einer zusätzlichen Kapazität von 6 Millionen Litern den Stadtteil um die Ernst-Thälmann-Straße versorgen. —lo—

Von einer sorgsamen Pflege und einer gewissenhaften Ueberwachung der Pumpen und Armaturen hängt die gesicherte Wasserversorgung ab. Unser Bild zeigt Wassermeister Richter, der für den gesamten Betriebsablauf verantwortlich ist.

Über 55 Jahre nach dem Bau des städtischen Wasserwerks zog man in einem ganzseitigen Zeitungsbeitrag in der „Freien Erde" am 24. Juli 1957 folgende Bilanz: „Seit Juni 1899 hat Prenzlau ein Wasserwerk, das im ersten Jahr seines Bestehens 145.597 Kubikmeter Wasser förderte. 1956 wurden schon 1.628.630 Kubikmeter frei Haus geliefert." Zu den ursprünglich zwei Wasseradern (10 Meter tief) kamen 1930 vier neue Brunnen, etwa 45 Meter tief, hinzu. Jeder Brunnen lieferte 30.000 bis 40.000 Liter Wasser pro Stunde. Die 1943 begonnenen Brunnenbauten wurden 1956 abgeschlossen. Nun standen noch weitere 12 Brunnen zur Verfügung. 1957 benötigte die Stadt fünf Millionen Liter Trinkwasser pro Tag. Im gleichen Jahr plante man bereits

Innenansicht des Wasserwerks II in Prenzlau (Neustädter Vorstadt)

den Bau eines weiteren Wasserwerks am Höftgraben, das nach seiner Fertigstellung mit einer zusätzlichen Kapazität von sechs Millionen Litern den Stadtteil um die Ernst-Thälmann-Straße versorgen sollte.

1964 wurde am Höftgraben, in der Nähe der ehemaligen Wehrmachtskasernen, die durch die Rote Armee genutzt wurden, das Wasserwerk II errichtet. Damit konnte eine relativ stabile Trinkwasserversorgung dieses Stadtgebietes, insbesondere der Kasernen, erreicht werden. Am Höftgraben sind artesische Brunnen vorhanden. Bei diesen Brunnen tritt das Wasser durch einen hohen Druck in der wasserführenden Schicht selbstständig aus dem Bohrloch. Wenn keine Abnahme durch das Wasserwerk erfolgte, floss das Wasser über einen Überlauf in den Höftgraben.

1965 wurde mit dem Bau einer Verbindungsleitung vom Wasserwerk II zur 300er Ringleitung in der Innenstadt begonnen.

Mit der Weiterführung des Wohnungsbaus und dem weiter steigenden Wasserbedarf, in Spitzenzeiten bis zu 15.000 Kubikmeter am Tag, wurden zusätzliche Erweiterungsmaßnahmen der Wasserversorgung erforderlich.   ›

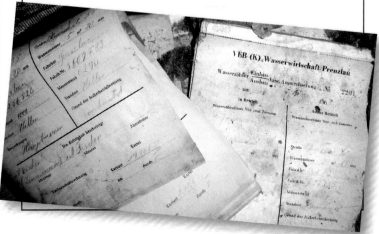

Bau des Reinwasserbehälters in der Goethestraße

Bau der Garagen.

Mittwoch, 27. Juni 1973   Nr. 151

Er ist gefallen, der Schornstein vom Prenzlauer Wasserwerk. Spezialisten aus Berlin haben ihn gesprengt. Das Werk wird ausgebaut. Rationalisierungsmaßnahmen sind vorgesehen, damit die Wasserversorgung in Prenzlau verbessert werden kann. 1898 gebaut, war der Schornstein seit 1936 schon nicht mehr in Betrieb. Die Wasserpumpen werden seitdem elektrisch angetrieben.   Foto: FE/Pakleppa

Rekonstruktion des Kesselhauses.

1974 wurde eine Kapazitätserweiterung des Wasserwerkes I in Prenzlau abgeschlossen, drei alte Filter wurden durch neue ersetzt. Eine neue Rohwasserleitung von der Wasserfassung am Schäfergraben wurde zum Wasserwerk I gebaut, um die erforderlichen Wassermengen dem Wasserwerk zur Aufbereitung zuzuführen. Vom Wasserwerk I wurde eine weitere Transportleitung in das Wohngebiet am Igelpfuhl in der Nennweite 500 Millimeter gebaut.

Aufstellen der neuen Filteranlage.

WASSERTURM HAT AUSGEDIENT

Durch den Neubau von Versorgungsleitungen zur Erreichung eines hohen Anschlussgrades wurden die geringen Baukapazitäten ausgelastet, dafür wurden die erforderlichen Erneuerungen der Rohrnetze nur in geringem Umfang durchgeführt. Durch den Einbau von Eisenrohren wurde das Problem der hohen

Störanfälligkeit der Versorgungsnetze noch verstärkt. Für erforderliche Reparaturen erfolgten keine oder nur geringe Bilanzierungen. So wurden beim Rat des Kreises Bilanzanträge für Dachreparaturen und Dachrinnenauswechslungen am Wasserwerk gestellt. Eine Bilanzierung erfolgte nicht. Erst auf massive Beschwerden erfolgte dann eine Bilanzierung für 4.000 Mark Glaserleistungen. Neue Fensterscheiben wurden aber gar nicht benötigt.

Der Wasserturm erfüllte 75 Jahre lang bis zum Jahre 1974 seinen Zweck. Die am Georg-Dreke-Ring errichteten Wohnblöcke wurden höher gebaut als der Wasserturm. Dadurch war er zum Ausgleich des Wasserdrucks nicht mehr geeignet und wurde, auch infolge der schlechten Bausubstanz, außer Dienst gestellt. Der obere Teil des Wasserturms mit dem Wasserbehälter wurde 1979, also 80 Jahre nach seiner Errichtung, abgetragen. Der verbliebene Schaft mit einer Höhe von ca. 18 Metern wurde abgedeckt. Ein späterer Ausbau war zwar vorgesehen, erfolgte aber nicht. ›

Der abgetragene Wasserturm in den 1980er Jahren

1970 – Das monatliche Arbeitseinkommen der Arbeiter und Angestellten in der DDR steigt von durchschnittlich 633 Mark im Jahre 1965 auf 755 Mark.

1970 – Luna 16 mit dem Mondauto „Lunochod 1" (erstes von der Erde aus gelenktes Fahrzeug) an Bord landet auf dem Mond und arbeitet dort über einen längeren Zeitraum.

Januar 1971 – Der pass- und visafreie Reiseverkehr zwischen der DDR und der VR Polen sowie der ČSSR wird eingeführt.

1. August 1975 – Unterzeichnung der KSZE-Schlussakte von Helsinki. Am Rande der Konferenz treffen sich Bundeskanzler Helmut Schmidt und der Staatsratsvorsitzende Erich Honecker.

23. Januar 1972 – Erstmals wird im WDR die „Sendung mit der Maus" ausgestrahlt.

29. April 1973 – Der DEFA-Film „Die Legende von Paul und Paula" nach dem Roman von Ulrich Plenzdorf läuft in der DDR an.

28. April 1972 – Zur Anhebung der Geburtenrate wird für junge Paare in der DDR der zinslose Ehekredit von 5.000 Mark eingeführt. Dabei erlässt man beim ersten Kind 1.000, beim zweiten Kind 1.500 und beim dritten Kind 2.500 Mark von der Rückzahlung.

28. Juli bis 5. August 1973 – X. Weltfestspiele der Jugend und Studenten in Berlin.

Heinz Köppen im Wasserwerk I in der Goethestraße

ERINNERUNGEN VON HEINZ KÖPPEN

Der ehemalige Abteilungsleiter Trinkwasser der Stadtwerke Prenzlau, Heinz Köppen, ist einer der wenigen, die ihr ganzes Berufsleben in der Prenzlauer Versorgungswirtschaft gearbeitet haben. Kaum ein anderer kannte und kennt das Metier besser als er. Seine persönlichen Erinnerungen an die Berufszeit in der Wasserwirtschaft sind außerordentlich spannend und interessant und sollen in den Aufzeichnungen nicht fehlen:

„Ich verlebte meine Kindheit auf dem Bauernhof meiner Eltern. Was lag da näher, als in diesem Betrieb meine berufliche Zukunft zu sehen. Aber wie so oft im Leben kam es anders. Durch den sozialistischen Frühling auf dem Lande und der damit verbundenen Zwangskollektivierung sah ich in meinem Heimatdorf keine Zukunft. Also suchte ich eine Möglichkeit, einen Beruf in der Stadt zu erlernen. Dabei kam mir der Zufall zu Hilfe. Ich traf Werner Schünemann, den ich aus der Schule kannte und der seine Lehre im Wasserwerk Prenzlau begonnen hatte. Seine Schilderungen veranlassten mich, ebenfalls über eine Ausbildung im Wasserwerk nachzudenken. Obwohl die Betriebsleitung einem Lehrvertrag zustimmte, begannen erhebliche Schwierigkeiten. Es durften Lehrlinge vom Lande nur eingestellt werden, wenn eine Freigabe vom Rat des Kreises erfolgt war. Diese war allerdings schwer zu erhalten, da viele Jugendliche die Landflucht antraten und den Landwirtschaftlichen Produktionsgenossenschaften (LPG) die Arbeitskräfte ausgingen.

Doch meinem Vater gelang es, über Bekannte unter dem Siegel der Verschwiegenheit diese Genehmigung von der Abteilung Berufsbildung beim Rat des Kreises zu erhalten. Damit konnte meine Ausbildung beim VEB (K) Wasserwirtschaftsbetrieb der Stadt Prenzlau beginnen. So stand ich dann am 1. September 1963 et-*

was ängstlich auf dem Betriebshof der Wasserwerke und wartete auf die Dinge, die da kommen sollten. Meine Lehre begann in der Schmiede bei Meister Engel, der mir die Grundlagen der Metallverarbeitung beibrachte. Jeder Lehrling hatte alle Stationen der Ausbildung zu durchlaufen – wie Schmiede, Wasserzählerwerkstatt, Pumpenwerkstatt, Dreherei, Elektrowerkstatt, Maschinenbau und Rohrnetz. Anders als heute mussten alle Reparaturen selbst durchgeführt und Ersatzteile selbst hergestellt werden. Die praktische Ausbildung fand im Wasserwerk, die allgemeine Berufsschulausbildung in der Prenzlauer Berufsschule statt.

Die Berufsausbildung war sehr gut und die Lehrlinge wurden durch die praktische Ausbildung im Betrieb auf die betriebsspezifischen Erfordernisse hin ausgebildet. Betriebsleiter war zu dieser Zeit Herr Salomon, Betriebsingenieur war Bernhard Fleischer, für das Wasserwerk und die Wasserfassungen war

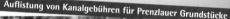

Auflistung von Kanalgebühren für Prenzlauer Grundstücke

Kläranlage mit Schlammbrunnen, 1950

Meister Hans Wilde verantwortlich, das Rohrnetz war der Verantwortungsbereich von Hans Schabion. Die Kläranlage mit dem Kanalnetz wurde von Hermann Stahlberg geleitet. Das Wasser- und Abwassergeld wurde bei den Kunden durch den Kassierer Herman Philipzig direkt beim Kunden kassiert. Die Wasserversorgung der Stadt erfolgte aus dem Wasserwerk in der Schwedter Straße und den beiden dazugehörenden Wasserfassungen am Uckersee und am Schäfergraben.

>

VEB WASSERVERSORGUNG
UND ABWASSERBEHANDLUNG
NEUBRANDENBURG

Träger des Vaterländischen Verdienstordens in Gold und des Ordens „Banner der Arbeit"
Übergeordnetes Organ: Ministerium für Umweltschutz und Wasserwirtschaft

Direktor

VEB WAB 2000 Neubrandenburg, John-Schehr-Straße 1–5, PSF 250

Kollektiv des
Produktionsbereiches Prenzlau

2130 Prenzlau

Briefkopf des VEB Wasserversorgung und Abwasserbehandlung Neubrandenburg

Das Rohwasser wurde über zwei Rohrlei-tungen in einen Rohwasserbehälter am Wasserwerk gepumpt.

Das Trinkwasser wurde aus dem Reinwas-serbehälter durch die Reinwasserpumpen in das Stadtnetz bzw. in den Wasserturm gefördert. Für die Steuerung der Anla-gen waren die im Schichtbetrieb rund um die Uhr arbeitenden Maschinisten verantwortlich. Eine Mengenregulierung der benötigten Fördermengen erfolgte entweder durch Drosseln der Fördermen-gen mittels Schieberstellung bzw. durch Abschalten der Pumpen in verbrauchsar-men Zeiten je nach den Füllständen der Speicherbehälter und des Wasserturms.

Zur weiteren Versorgung waren Brunnen in der Wasserfassung am Röpersdorfer Wiesenweg vorhanden, die in Spitzen-zeiten eingeschaltet werden konnten und Wasser in das Netz speisten. Auf dem Gelände der Sowjetarmee gab es eine Druckerhöhungsanlage. In Spitzenzeiten musste ein Maschinist mit dem Fahrrad vom Wasserwerk aus in Bewegung ge-setzt werden, um die Brunnenpumpen am Röpersdorfer Wiesenweg einzuschal-ten.

Auch zur Kontrolle und zur Steuerung der Brunnen war täglich ein Kollege mit dem Fahrrad unterwegs. Die Spitzen-fördermenge des Wasserwerks I im Jahr 1963 betrug ca. 3.500 m³/Tag. Durch zunehmenden modernen Wohnungsbau

in der Innenstadt und vor allem durch die nicht kostendeckenden Preise sowie die fehlenden Messeinrichtungen und die pauschale Berechnung der Wassermen-gen trat eine völlig unnormale stetige Steigerung des Wasserbedarfs ein. Leider führte die Situation in der Bevölkerung zu einem völlig sorglosen Umgang mit Trinkwasser.

Bei notwendigen Modernisierungen stie-ßen Planer und Betreiber durch fehlende Baukapazitäten und fehlende Materiali-en immer wieder an Grenzen, welche zu Kompromissen führten. Diese Kompro-misse lösten in den folgenden Jahren im-mer wieder schwere Störungen und Ha-varien aus, die nur mit hohem Aufwand behoben werden konnten.

Das Rohrnetz wurde zwar stetig dem steigenden Verbrauch angepasst, jedoch immer erst dann, wenn Versorgungseng-pässe den Ausbau erzwangen.

Durch die Partei und Staatsführung wurde eine Angleichung der Lebensver-hältnisse auf dem Lande beschlossen. Diese Ziele waren mit den vorhandenen Verhältnissen der Wasserversorgung je-doch nicht zu erreichen. In der Mehrzahl der Dörfer gab es bis in die 1970er Jahre keine zentrale Wasserversorgung. Um die geplanten Neubauten und die Großan-lagen der Tierproduktion mit Wasser zu versorgen, mussten also neue Wege be-schritten werden.

›

Brigadeprogramm des Produktionsbereiches Wasser / Abwasser Prenzlau zur Verteidigung des Titels „Kollektiv der sozialistischen Arbeit" für das Jahr 1986.

Sozialistisch lernen

1. Die Kollegen des Produktionsbereiches Prenzl
verpflichten sich, zu aktuellen Anlässen ein
Wandzeitung zu gestalten

2. um allen Kollegen die Möglichkeit zur persön
Einflußnahme zu geben, wird über den aktuelle
Stand der Planerfüllung und des Wettbewerbs i

3. Kollege Krausz nimmt an einem Lehrgang zur
Ausbildung als Gesundheitshelfer teil

4. Kollege Mandelkow und Kollege Kamp erwerben
Fahrerlaubnis

5. Kollege Seidenberg und Kollege Köppen nehmen a
l

Sozialistisch leben

1. Schwerpunkt unserer Arbeit wird es sein, den
gegenseitigen Erziehungsprozeß zu fördern.
Deshalb werden alle Probleme im Kollektiv
ausgewertet und entsprechende Maßnahmen festgelegt

2. Unser Kollektiv verpflichtet sich an gesellschaftlichen Höhepunkten geschlossen teilzunehmen

3. Am Subbotnik werden sich alle Kollegen beteiligen,
um Ordnung und Sicherheit auf dem Betriebsgelände,
sowie angrenzende Flächen zu verbessern

4. Um unser Kollektiv weiter zu festigen, werden
folgende Veranstaltungen organisiert:

   - Kegelabend
   - Sommerfest
   - Besuch der Kunstausstellung im AWP

Sozialistisch arbeiten

Die Werktätigen des Produktionsbereiches Wasser / Abwasser Prenzlau verpflichten sich, durch eine gute
Einstellung zur Arbeit und eine entsprechende
Arbeitsweise den bestätigten Jahresplan in allen
Positionen zu erfüllen.

Außerdem verpflichtet sich das Kollektiv zu Ehren
des XI. Parteitages der SED folgende Verpflichtungen
zu erfüllen:

1. Einhaltung des Verhältnisses von Instandhaltungsstunden zur bewerteten Instandhaltungsleistung
von 105 %

Betriebsfeier 1986

Am 21. November fand unsere Betriebsfeier
in der Gaststätte HO G " Zur Kleinen Heide "
statt.
Die Meliorationsgenossenschaft stellte uns einen Bus
zur Verfügung, dadurch war die Hin- und Rückfahrt
der Kollegen und Kolleginnen mit Ehepartnern gesichert.
Zum Abendessen war ein reichhaltiges A
alle Teilnehmer ließen es
ausreichende Getränke war
Für die   immung sorgt
                        icke.
               och immer a
                   er Arbeit,
               24.00 Uhr h
                eierteilnehm
                   der Bus das
                   ause.

Grillabend

Am 5. September fand unser lang ersehnter
Grillabend statt.
Die miteingeladenen Ehepartner sorgten gleich für
gute Stimmung.
Das vom Kollegen Linde besorgte Schweinefleisch
fand bei allen Gästen regen Zuspruch.
Für die musikalische Umrahmung zeichnete unser

ung
I
5.1986

nicht

gen.
ehr
satz

Ohne uns Frauen könnt Ihr Euren
Laden doch dicht machen !

Die Senioren unter sich.

Beim Grillabend wurde
erzählt,

Man hab ich heute hunger !

getanzt

Als de Musik ausfiel, überbrückte unser
Bruno mit kräftiger Stimme.

und natürlich kräftig
zugelangt

In meinem Bungalow am Quast
können wir prima

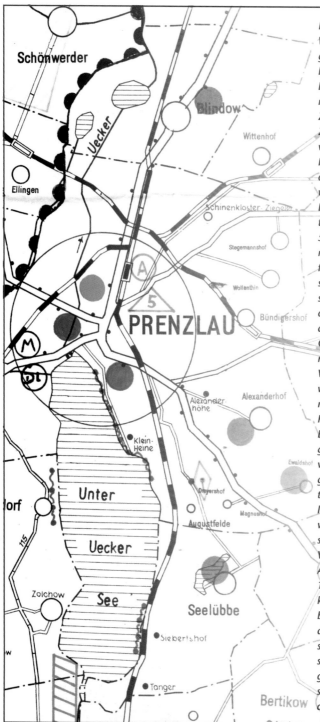

Im Jahr 1964 wurden in den Bezirken die VEB Wasserversorgung und Abwasserbehandlung gebildet. Der Prenzlauer Wasserversorgungsbetrieb wurde in den VEB WAB Neubrandenburg Gebietsbetrieb Templin eingegliedert. Planungen und Vorgaben erfolgten jetzt aus der Zentrale in Neubrandenburg und aus Templin. Zunächst wurden die vorhandenen Wasserversorgungsanlagen übernommen. Hunderte Kilometer Rohrnetz entstanden. Die vorhandenen Wasserversorgungsanlagen wurden erweitert und mit einer Aufbereitung versehen. Der größte Teil der Anlagen war bis 1980 fertiggestellt. Der Prenzlauer Betriebsteil betrieb 54 Wasserversorgungsanlagen. Zur Verbesserung der Trinkwasserqualität wurden in den folgenden Jahren einige Orte an größere Wasserwerke angeschlossen und die alten Anlagen stillgelegt. Um die ständig schlechter werdende Qualität des Trinkwassers, verursacht durch Überdüngung sowie den Rückgang der Grundwasserstände durch Meliorationsmaßnahmen, abzufangen, sollte eine 100-Prozent-Versorgung aus zentralen Anlagen angestrebt werden. Da die vorhandenen Baukapazitäten nicht ausreichten, wurden diese Arbeiten in Feierabendtätigkeit durchgeführt.

Bis 1988 war im Kreis Prenzlau ein Anschlussgrad von 98,8 Prozent erreicht. Dies und auch viele Erweiterungen wie Rohrnetzverstärkungen und der Bau von Speicherbehältern bereiteten nach der Wende große Probleme. Mühselig aufgebaute Überkapazitäten mussten jetzt wieder rückgebaut werden, um die Trinkwasserqualität sicherzustellen. Die Versorgung mit Verbrauchsmaterial und Pumpen, wie auch Armaturen und Rohrmaterial wurde Ende der 1980er immer schlechter. Diese Missstände konnte niemand den Mitarbeitern gegenüber begründen. Trotz der großen Probleme ist es den Mitarbeitern durch hohe Einsatzbereitschaft und Einfallsreichtum gelungen, die Wasserversorgung zu gewährleisten. Die überwiegende Mehrheit der Mitarbeiter identifizierte sich voll mit den zu erfüllenden Aufgaben in der Wasserversorgung." ‹

NACH DER UMSTRUKTURIERUNG IST VOR DER UMSTRUKTURIERUNG

Kaum ein anderer Industriezweig ist in DDR-Zeiten so oft umstrukturiert worden wie die Energiewirtschaft. Mal war es Überzentralisation, mal zu wenig Zentralisation, die als Ursache für den permanenten Mangel an Energie angesehen wurden und eine Strukturveränderung nach der nächsten heraufbeschwor. Kaum hatten sich die

Abbau des Gasometers

Bohrlöcher zur Sprengung des Schornsteins

1958 gegründeten Energieversorgungsbetriebe der Bezirke etabliert, fasste man sie ein Jahrzehnt später zentral unterstellt zu Energiekombinaten zusammen, auch wenn Fachleute am Nutzen dieser Entscheidung zweifelten. Wieder einige Jahre später war auch diese Kombinatsstruktur Geschichte und bezirksgeleitete Kombinate folgten. 1974 wurde in Prenzlau der große Gasbehälter, das eigentliche Wahrzeichen eines jeden Gaswerkes, demontiert und der Schornstein gesprengt. 〉

〉

23. April 1976 – Eröffnung des Palastes der Republik in Berlin.

1976 – Erste 5,25 Inch Diskette für IBM-Rechner eingeführt. Sony bringt vier Jahre später die erste Diskette in der Größe von 3,5 Inch heraus. Die gebräuchliche 3,5 Inch-Floppy-Disk mit 1,44 (2,88) Megabyte Speicher setzt sich seit den frühen 1990er Jahren als Standardmethode zur Datenspeicherung durch.

12. August 1977 – Die Raumfähre „Space Shuttle" besteht in Kalifornien ihren ersten freien Testflug.

26. August bis 3. September 1978 – Sigmund Jähn fliegt als erster Deutscher ins Weltall.

Jahreswechsel 1978/79 – Der härteste Wintereinbruch in der Geschichte der DDR. Der Temperatursturz in der Neujahrsnacht auf -20 Grad Celsius und Schneehöhen bis zu 5 Meter bedeuten einen Rekord seit 85 Jahren.

13. Januar 1980 – Die Grünen gründen eine eigene Partei.

März 1980 – Die Sommerzeit wird wieder eingeführt.

Prenzlauer Stadtarchiv:

1968
Bei einem Volksentscheid stimmen 94,49 Prozent der Wahlberechtigten für eine neue Verfassung der DDR, die den Staat als „sozialistischen Staat deutscher Nation" charakterisiert.

Übergabe des Erweiterungsbaus am alten „Kontakt-Kaufhaus" in der Friedrichstraße.

Um Neubauten zu errichten, wird ein Teil der historischen Stadtmauer im Bereich der Dr.-Wilhelm-Külz-Straße abgerissen.

1969
Errichtung einer Gedenkstätte für die im Zweiten Weltkrieg in Kriegsgefangenschaft gestorbenen polnischen Soldaten und Offiziere auf dem Prenzlauer Friedhof.

Grundsteinlegung der „Ernst-Schneller-Oberschule" in der Friedhofstraße.

Sprengung des Schornsteins

An dieser Stelle entstand eine Gasdruckregelanlage, die die Druckregulierung des Gasnetzes übernahm. Auch der schon lange nicht mehr benötigte Schornstein des Kesselhauses wurde 1974 gesprengt. Nach der Wende stand das ehemalige Kesselhaus jahrelang leer. Es wurde 1998 abgerissen.

Überreste nach der Sprengung des Schornsteins

DIE FEUERGLOCKE – EIN RELIKT DER GESCHICHTE

Auf der Nordseite des Apparate- und Reinigerhauses, dem jetzigen Verwaltungssitz, befindet sich der Turm, in dem sich einmal die Destillationsanlagen für die Teer- und Ammoniakherstellung befanden. An diesem Turm ist auf der Hofseite ein Anbau, von dem aus die beiden Etagen des Gebäudes und der Turm begangen werden konnten. Dieser Anbau mit seinem schrägen Flachdach ist heute noch vorhanden. In ihm befinden sich jetzt Büroräume. Vor der Rekonstruktion war unmittelbar links neben dem ehemaligen Eingang eine große gusseiserne Glocke angebracht, die Feuerglocke des Gaswerkes. Den genauen Tag der Inbetriebnahme der Glocke vermag wohl heute keiner mehr exakt zu benennen. Einge-

Glocke am Apparate- und Reinigerhaus

gossen in der Glocke steht die Jahreszahl 1918. Es kann davon ausgegangen werden, dass nach dem Ende des Ersten Weltkrieges das Sicherheitsbedürfnis der Gaswerker gewachsen war. Bei Gefahrensituationen musste eine Alarmierung der Beschäftigten möglich sein.

Abbau des Gasometers Mitte der 1970er Jahre

Neben dieser Glocke befand sich ein Schild, auf dem die Handhabung stand: „Bei Feuergefahr mittels des Klöppels laufend Signale geben!" Diese Formulierung lässt ehemalige Mitarbeiter des Gaswerkes heute noch schmunzeln, wenn sie daran denken.

Die Jahre gingen ins Land, die Zeiten und Bedingungen änderten sich. So auch im Bereich des Gaswerkes. Die Betriebsformen änderten sich auch in Prenzlau und damit wechselten auch die Zuständigkeiten. Die Kollegen aber blieben. Bei Um- und Ausbauarbeiten wurden nach und nach auch alte Anlagenteile verschrottet, vorher aber auf dem Hof des Gaswerkes zwischengelagert. In Zeiten permanenter Materialknappheit wurde fast alles gebraucht und das eine oder andere Stück Eisen später wieder verwendet. So manch ein Schrottteil der besonderen Art, zum Beispiel Buntmetall, wurde allerdings auch individuell und natürlich für gutes Geld der Sekundärrohstofferfassung zugeführt. Auch die Feuerglocke kam in das Blickfeld interessierter „Sammler". Aber das Äußere der Glocke ließ nicht das Material erkennen. Um zu klären, ob die Feuerglocke auch aus Buntmetall und damit sehr wertvoll sei, wurde mit einem Schweißbrenner versucht, ein Stück davon abzuschmelzen. Aber zum Glück hatten die „Schrottsammler" Pech, da die Glocke ja aus Gusseisen war. Die Spuren dieses Versuches sind heute noch an dem guten Stück erkennbar.

Mit der Wende 1990 kam auch in die Kombinatsbereiche wieder Bewegung. Der Standort Prenzlau war ja dem Bereich Gas Pasewalk unterstellt. Hier befand sich aber jemand, der ein großes Interesse an den im Gaswerk Prenzlau vorhandenen alten und besonderen Gegenständen hatte.	>

Demontage des alten Gasspeichers

So erregte zum Beispiel auch die Feuerglocke vom Prenzlauer Gaswerk seine Aufmerksamkeit. Auf Wunsch dieses Kollegen sollte die Glocke von Prenzlau nach Pasewalk überführt werden. Das ging aber nicht, da die Feuerglocke plötzlich nicht mehr da war. Sie war auch nicht mehr aufzufinden. Die hier tätigen Kollegen dachten zuerst, dass der „Liebhaber" dieser Glocke aus Pasewalk sich selbst bedient hatte und versuchten das herauszubekommen.

Selbst wochenlange Sticheleien führten nicht zum Erfolg, er ließ mit keiner Miene erkennen, dass er die Glocke hatte. Konnte er auch nicht. Die Feuerglocke wurde nämlich von dem Kollegen Tilo Schindler vom Meisterbereich Gasversorgung Prenzlau in Sicherheit gebracht und während der weiteren Jahre sicher verwahrt, ohne dass klar war, was aus dem Gaswerk einmal wird. Erst der Umbau des ehemaligen Gaswerkes zum

Koksseparator vor der Sprengung

neuen Verwaltungssitz der Stadtwerke Prenzlau führte dazu, dass die Feuerglocke ihren jahrelangen Winterschlaf beendete. Gereinigt und mit einer Schutzschicht versehen, befindet sie sich wieder an ihrem angestammten Aufstellungsort, allerdings nicht mehr als Feuerglocke. Sie ist jedoch ein Zeitzeuge der Geschichte des Prenzlauer

Gaswerkes und der Gasversorgung der Stadt Prenzlau.

Strom wurde in Prenzlau bereits seit dem 1. Juli 1951 nicht mehr erzeugt, sondern über Fernleitungen vom zentralen Energieversorger aus Neubrandenburg geliefert. Der ankommende Strom musste nur noch verteilt und der gleichmäßige Stromfluss gesichert werden. **‹**

Koksseparator nach der Sprengung

Die wiedergefundene Feuerglocke 2009

Straße der Republik in Prenzlau um 1960 mit dem 1975 abgebrannten Konsum-Kaufhaus

WÄRME AUS DER FERNE

Die Technologie, mit heißem Dampf Wohn- und Arbeitsräume zu beheizen, ist in Deutschland schon seit dem 19. Jahrhundert bekannt. Das erste Fernheizwerk Deutschlands wurde dann 1898 in Beelitz gebaut. Es versorgte die Heilstätten mit Fernwärme, Warmwasser, Koch- und Desinfektionsdampf sowie die Stangeneisproduktion mit Energie. Fernwärme erfreut sich als sehr komfortable und günstige Energie großer Beliebtheit.

Unter Fernwärme versteht man die Art Energieversorgung, bei der an zentraler Stelle Wasser erwärmt wird und dann über ein Rohrleitungsnetz den Verbrauchern zugeführt wird. Um die Übertragungsverluste gering zu halten, werden die Rohre der Verteilungsleitungen für das Heizwasser sehr gut wärmegedämmt. Hauptsächlich werden im Bereich der Erdverlegung Kunststoffmantelrohre verwendet. In der kalten Jahreszeit sind durchaus Heißwassertemperaturen bis zu 105 °C an der Übergabestation, in der die Wärme vom Fernwärmerohrnetz an die Hausanlage übergeben wird, erforderlich. An der Übergabestation, auch Hausanschlussstation genannt, wird durch Wärmetauscher das Fernwärmerohrnetz von der Hausanlage getrennt und es erfolgt die separate Bereitstellung der Wärme für die Heizung und das Warmwasser. Bei niedrigen Außentemperaturen muss mehr Wärme eingespeist werden.

In Prenzlau eröffnete sich um 1970 die Möglichkeit, Teile der Stadt mit Fernwärme zu versorgen. Die Wärme aus den gewaltigen Rohrschlangen löste die alten Kohleöfen ab. Asche, Ruß und Staub wurden verbannt.

Wie überall begann auch in Prenzlau die Geschichte der Fernwärmeversorgung mit dem Bau von Wohnungen im Rahmen des Wohnungsbauprogramms der DDR.

›

Prenzlauer Stadtarchiv:

1970
Übergabe der Fußgängerbrücke über die Bahngleise in der Brüssower Straße.

Beschluss für den Wiederaufbau der Marienkirche.

1971
Prenzlau zählt 21.727 Einwohner.

1972
Baubeginn für die Stahlkonstruktion des Daches der Marienkirche.

1974
Der Ortsteil Alexanderhof wird an die zentrale Wasserversorgung der Stadt Prenzlau angeschlossen.

1975
Das Kaufhaus „Magnet" in der Steinstraße wird eröffnet.

1979
Der obere Turmaufbau des Wasserturms wird wegen Baufälligkeit abgerissen.
Der Turmstumpf erhält ein Notdach.

1981 – In den USA kommen die ersten Personalcomputer (personal desktop computers) auf den Markt.

11. September 1983 – Goldgrube Silberscheibe: Die Compact Disc (CD) ist der Star der Internationalen Funkausstellung in West-Berlin.

31. Dezember 1981 – Wissenschaftler in den USA weisen den Aids-Virus nach.

24. Mai 1984 – Einführung des sogenannten Baby-Jahres in der DDR für Frauen mit drei Kindern, ab 17. April 1986 gilt es auch für das erste und zweite Kind.

1985 – Die DDR startet das Zentrale FDJ-Jugendprojekt Erdgastrasse. Es beinhaltet den Bau verschiedener Erdgasleitungen von Sibirien nach Osteuropa.

1985 – Michail Gorbatschow wird vom Zentralkomitee der KPdSU zum neuen Generalsekretär der Partei gewählt. Er initiiert 1986 mit „Glasnost und Perestroika" ein umfassendes Reformprogramm für die Sowjetunion.

26. April 1986 – Reaktorunfall in Tschernobyl. Die radioaktive Wolke verbreitet sich über ganz Europa.

Rohbraunkohle – wichtigster Energieträger in der DDR

Während die ersten Neubauten in der Regel noch mit Kohle-Warmluft-Öfen ausgestattet waren, ging man später dazu über, nur noch Fernwärme für den Wohnungsbau einzuplanen. Obwohl die Verfeuerung von unveredelter Rohbraunkohle energetisch uneffizient ist und diese Erkenntnis auch damals schon Stand des Wissens war, stand sie in der DDR praktisch als einziger einheimischer Rohstoff ausreichend zur Verfügung. Die politisch wie wirtschaftlich gewollte weitestgehende Unabhängigkeit von Erdgas-, Erdöl- und Steinkohleimporten zwang die Energieversorger vor Ort, aus fast Unmöglichem das Bestmögliche zu machen. „Geht nicht, gab es nicht", ob bei 0 Grad Celsius oder -25 Grad Celsius, auch unter problematischen Bedingungen wurde immer versucht, mal mit intelligenten, mal mit ausgefallenen Lösungen die Wärmeversorgung der Stadt stabil zu halten. In DDR-Zeiten wurde nicht vernünftig geheizt, sondern man hatte es warm.

Die massive Entwicklung des Wohnungsbaus mit dem allseits bekannten „Temperaturregulierungssystem Fenster" und der ungebremste Energiehunger der Industriebetriebe brachten allerdings die Fernwärmeversorgung zum Ende der 1980er Jahre an ihre absolute Leistungsgrenze. Außerdem setzten sich immer mehr auch ökologische Bedenken fest.

In den 1980er Jahren wurden verschiedene Möglichkeiten geprüft, die neu zu errichtenden Wohnblöcke in der Innenstadt zu beheizen. Dafür sollten unerschlossene einheimische Energieträger gefunden werden, die die immer teurer werdenden Energieimporte ersetzen konnten.

Durch geologische Untersuchungen wurde festgestellt, dass unter Prenzlau in Tiefen von 1.000 bis 1.500 Meter Schichtwässer vorhanden sind, die Temperaturen von 40 bis 55 Grad Celsius erreichen. Zur Nutzung dieser Wässer als „heimischer Energieträger" wurde die geothermische Heizzentrale Prenzlau

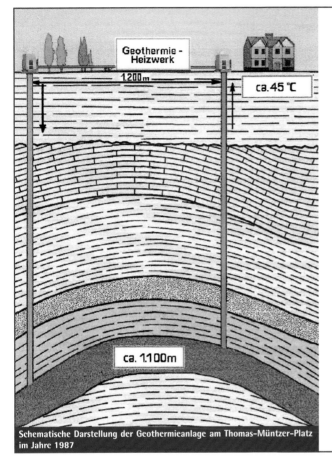

Schematische Darstellung der Geothermieanlage am Thomas-Müntzer-Platz im Jahre 1987

am Thomas-Müntzer-Platz errichtet. 1987 nahm diese Anlage, in der 42 Grad Celsius warmes Thermalwasser als Wärmequelle für die Wärmeversorgung von 640 Wohnungen genutzt wurde, ihren Betrieb auf. Wegen starker Schädigung der Sandsteinspeicher, aus denen das Thermalwasser gefördert wurde, kam bereits 1989 das Aus für die Wärmeerzeugungsanlage. Die Tatsache, dass die Anlage stillgelegt worden ist, sprach nicht gegen die Nutzung der Geothermie, sondern war auf das mangelhafte technische Konzept der Anlage zurückzuführen.

Wirtschaftlich geriet die DDR 40 Jahre nach ihrer Gründung immer mehr in einen dramatischen Zustand. Seit Jahren wurden fast alle Anlagen am äußersten Limit gefahren, wurden notwendige Reparaturen und Sanierungen ausgesetzt, wurden Ressourcen nicht optimal, sondern maximal ausgebeutet, waren Wirtschaftsstrukturen unflexibel, zentralistisch und nicht bedürfnisorientiert. Trotz des legendären Einfallsreichtums der DDR-Bürger, unstrittigem handwerklichem Geschick, das beinahe jeder entwickelte, und einer unübertroffenen Sammel- und Besorgermentalität steuerte das ganze Land unaufhaltsam auf eine Umbruchsituation zu. ‹

2. Mai 1989 – Ungarn öffnet seine Grenze zu Österreich. Hunderte von DDR-Bürgern gelangen über Ungarn in den Westen.

4. September 1989 – Erste Montagsdemonstration mit 1.200 Teilnehmern in Leipzig.

30. September 1989 – Tau-senden DDR-Flüchtlingen in den deutschen Botschaften in Prag und Warschau wird erlaubt, in die Bundesrepublik Deutschland auszureisen. Der bundesdeutsche Außenminister Hans-Dietrich Genscher verkündet auf dem Balkon der deutschen Botschaft in Prag dieses Verhandlungsergebnis.

7. Oktober 1989 – Bei den Feierlichkeiten zum 40. Jahrestag der DDR mahnt der sowjetische Staatschef Michail Gorbatschow die DDR-Führung zu politischen Reformen. Am Rande der Feiern demonstrieren zehntausende Menschen für eine demokratische Erneuerung des Sozialismus.

16. Oktober 1989 – 100.000 bis 120.000 Demonstranten sind zur Montagsdemo auf Leipzigs Straßen. Honeckers Befehl, schonungslos gegen die Demonstranten vorzugehen, wird von der Leipziger SED-Führung nicht befolgt.

9. November 1989 – Mauerfall nach über 28 Jahren durch einen Formfehler des SED-Politbüro-Mitglieds Günter Schabowski auf einer Pressekonferenz.

1990 bis 2009

Von der Wende
bis zur Gegenwart

Die Ausgangssituation 1989

Umbruch und Aufbruch

Fernwärmeanlage am Thomas-Müntzer-Platz

Prenzlauer Stadtarchiv:

1990
Im April erscheint die
erste Ausgabe des „Nord-
kurier" als unabhängige
Tageszeitung für Meck-
lenburg, Vorpommern
und die Uckermark.

Mai – Die ersten freien
Kommunalwahlen nach
1945 in Prenzlau,
Jürgen Hoppe wird
Bürgermeister. Die SVV
setzt sich aus 37 Mitglie-
dern zusammen (16 SPD,
8 CDU, 7 PDS, 2 FDP,
4 Gemeinsame Fraktion).
Die Wahlbeteiligung lag
im Kreis Prenzlau bei
73,29 Prozent.

Die Kulturinitiative
Prenzlau (KIP) tritt für
die Erhaltung des
Filmtheaters als
Mehrzweckhalle ein.

Im Bereich der Energiewirtschaft waren erhebliche Probleme zu bewältigen, zum Beispiel weil nur die großen Kraftwerke auf Regeltechnik Zugriff hatten. Die Verbraucherstationen in den Wohngebieten wurden überwiegend im Handbetrieb und im durchgängigen Schichtbetrieb geregelt. Ende der 1980er Jahre arbeiteten die DDR-Kraftwerke mit einem Wirkungsgrad von durchschnittlich 26 Prozent. Nahezu die Hälfte der installierten Dampferzeuger und mehr als ein Drittel der Turbinen in den Wärmekraftwerken waren älter als 20 Jahre. Weil Sparanreize fehlten, Energie in den Haushalten hoch subventioniert und die Temperatur in zentralbeheizten Wohnräumen nicht individuell zu regulieren war, wurde Energie vergeudet: Mit einem jährlichen Pro-Kopf-Verbrauch von 7,8 Tonnen Steinkohleeinheiten lag der Primärenergieverbrauch je Einwohner in der DDR um rund 20 Prozent über dem Pro-Kopf-Verbrauch in der Bundesrepublik Deutschland. In harten Wintern fror die sehr wasserhaltige Braunkohle aus den Tagebauen, an Baggerschaufeln, auf Transportbändern und in Waggons regelmäßig fest. Im Januar 1987 litt das Land unter der Witterungsanfälligkeit seiner Energieversorgung: Als eine mehrere Tage anhaltende Kältewelle die Braunkohle festfrieren ließ, blieben kommunale Einrichtungen, Betriebe und

Alte Heizkessel mit manueller Regeltechnik

Der Stettiner Torturm – heute das Tor zum Stadtzentrum

Zehntausende von Wohnungen in mehreren Bezirken der DDR tagelang ohne ausreichend Strom und Wärme. Betriebe fuhren an Wochenenden Sonderschichten, um Produktionsausfälle aufzuholen.

Hinzu kam, dass die Umweltauswirkungen der Energiewirtschaft verheerend waren. Um die benötigten Braunkohlemengen zur Verfügung zu stellen, wurden im Jahr rund 300 Mio. Tonnen dieses Rohstoffs gefördert. Dem Tagebau fielen jährlich 3.000 Hektar Nutzfläche zum Opfer. Immer weiter griff der Tagebau in dicht besiedelte und landwirtschaftlich intensiv genutzte Gebiete ein. Ausgekohlte Tagebaue wurden leider nur unzureichend rekultiviert, großräumige Grundwasserabsenkungen gefährdeten die Grundwassernutzung in den Bergbauregionen. Außerdem zählten die Kraft- und Fernheizwerke der ehemaligen DDR zu den größten Luftverschmutzern Europas.

KONFLIKTREICHE SCHRITTE ZUR MARKTWIRTSCHAFT

Das Umbruchjahr 1990 brachte für die Energieversorgung der Stadt Prenzlau spannende Herausforderungen und ungeahnte Chancen. Generell existierten zwei Möglichkeiten, eine Stadt mit Energie zu versorgen. Doch die ersten Schritte auf diesem Weg gestalteten sich konfliktreich. Begonnen hatte alles mit dem Beschluss der Volkskammer vom 17. Mai 1990 zum Kommunalvermögensgesetz. Die Kommunen erhielten mit Blick auf den Artikel 28 Absatz 2 des Grundgesetzes der Bundesrepublik Deutschland die gesetzlichen Rahmenbedingungen, wirtschaftliche Unternehmen zu gründen und die Bürger mit leitungsgebundener Energie zu versorgen. Diese kommunale Daseinsvorsorge stellt weit mehr dar als eine Dienstleistung, die gleichrangig auch von privaten Unternehmen erbracht werden könnte, sie ist ein Beitrag zur kommunalen Selbstverwaltung. 〉

Einkaufsstraße in der Innenstadt

Ein Konflikt ergab sich allerdings, weil ebenfalls noch unter der letzten DDR-Regierung im August 1990 mit den sieben großen Verbundunternehmen der alten Bundesländer die sogenannten Stromverträge abgeschlossen wurden. Im Ergebnis entstanden aus den 15 regionalen Energiekombinaten 15 private Energieversorgungsunternehmen. Die Stromverträge sicherten den Stromkonzernen die Besitzanteile an der im Beitrittsgebiet zu gründenden gemeinsamen Gesellschaft für die Großkraftwerke und für das überregionale Stromnetz. Die Sparte Gasversorgung wurde ausgegliedert und ebenfalls regional organisiert. Der Weg für die Kommunen zum Aufbau eigener Stadtwerke, die im Auftrag der Kommunen die leitungsgebundene Energieversorgung wahrnehmen sollten, schien zunächst verschlossen. Die ostdeutschen Städte und Gemeinden sollten mit Aktienbeteiligungen an den regionalen Verbundunternehmen abgespeist werden. Die Städte und Gemeinden in den neuen Bundesländern wehrten sich erfreulicherweise sehr klar und solidarisch gegen diese – wie sie vielerorts empfunden wurde – zweite Enteignung.

1991 klagten deshalb insgesamt 164 Städte vor dem Bundesverfassungsgericht. Mit der Klage sollte erreicht werden, die vollendeten Tatsachen, die den Kommunen ihr Vermögen im Energiebereich vorenthielten, rückgängig zu machen. Nach einer mündlichen Verhandlung des Gerichts in Stendal wurde ein Vergleichsvorschlag unterbreitet, der den Kommunen die für die Stromversorgung benötigten Einrichtungen gegen den Verzicht auf Geschäftsanteil an den regionalen Energieversorgern zusprach.

Die Stadt Prenzlau war an diesem sogenannten „Stromstreit" beteiligt und hätte nach dem Vergleich die Möglichkeit gehabt, die örtlichen Stromnetze in Prenzlau zu übernehmen. Da zu diesem Zeitpunkt allerdings keine eigenen Stadtwerke gegründet waren und bereits ein Stromkonzessionsvertrag mit dem regionalen Stromversorger existierte, wurden der Stadt Prenzlau mit Wirkung zum 1. Januar 1991, 18.869 Aktien des regionalen Stromversorgers übertragen. Rechtzeitig vor dem Auslaufen des Stromkonzessionsvertrages der Stadt Prenzlau mit dem regionalen Energieversorger zum 31. Dezember 2010, hat sich die Stadtverordnetenversammlung am 18. September 2008 entschlossen, die Geschicke der örtlichen Stromversorgung wieder unter eigener Regie zu führen.

Unmittelbar nach dieser Entscheidung wurde noch im September 2008 ein neuer Konzessionsvertrag mit den eigenen Stadtwerken geschlossen. Der regionale Stromversorger muss das Eigentum an den örtlichen Stromversorgungsanlagen mit Ablauf des 31. Dezember 2010 auf die Stadtwerke Prenzlau GmbH übertragen. ‹

Luftaufnahme des Firmengeländes 1995 beim Umbau zum Verwaltungsgebäude

Neugründung der Stadtwerke

Neuanfang mit Trinkwasser

Entwurf des neuen Firmensitzes in der Freyschmidtstraße

Die notwendigen Gründungsvoraussetzungen für Stadtwerke waren alles andere als günstig. Viele Fragen blieben offen und Probleme ungelöst. Hier lagen auch die Ursachen für die komplizierten Bedingungen in der Aufbauphase eines Stadtwerkes in Prenzlau, denn am 28. Juli 1993 beschlossen die Stadtverordneten die (Wieder)-Gründung der Stadtwerke Prenzlau. Dieses Mal als GmbH. Die Gründung stand zu diesem Zeitpunkt allerdings nur auf dem Papier. Mit mehr Engagement als Professionalität gingen die ersten Mitstreiter ans Werk, den Stadtverordnetenbeschluss mit Leben zu erfüllen. Schon zwei Tage vorher hatte man den Geschäftsführer Detlev Martens für das Unternehmen bestellt, ein Unternehmen, das wieder eins werden sollte, denn wir erinnern uns, bis in die 1950er Jahre hatte es in Prenzlau bereits ein Stadtwerk gegeben. Nach einem Jahr übernahm Thomas Strotkötter diese Aufgabe.

Anfang Oktober 1993 wurde der Aufsichtsrat gewählt. Die ersten und wichtigsten Aufgaben waren die ordnungsgemäße Versorgung mit Trinkwasser sowie die fachgerechte Ableitung und Behandlung von Schmutzwasser im Stadtgebiet. 〉

Prenzlauer Stadtarchiv:

1990
Oktober – In St. Marien findet anlässlich des 650-jährigen Jubiläums der Kirchweihe ein großes Benefizkonzert statt. Veranstaltet und gestaltet wurde es vom Uckermärkischen Konzertchor Prenzlau und dem Prenzlauer Orchester.

Am 1. Dezember erscheint erstmals der „Uckermark-Kurier" als unabhängige Heimatzeitung.

Im Dezember feiert die „Grüne Apotheke" am Langen Markt ihre Eröffnung.

NEUBRANDENBURG WASSER AKTIENGESELLSCHAFT

John-Schehr-Str. 1-5 · PSF 250 · Neubrandenburg 2000

Stadtwerke Prenzlau GmbH

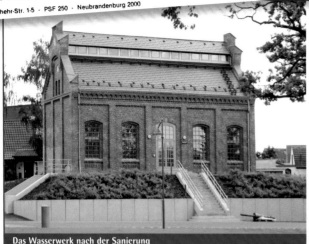

Das Wasserwerk nach der Sanierung

Verlegung der Wasserleitungen

Historischer Raum im Prenzlauer Wasserwerk

Hierzu wurden am 1. Oktober 1993 die Vermögenswerte sowie alle Verbindlichkeiten aus der Neubrandenburger Wasser AG in das Unternehmen Stadtwerke Prenzlau integriert und die Mitarbeiter dieses Aufgabenbereiches übernommen.

Bereits bevor der Beschluss zur Gründung des Stadtwerkes gefasst wurde, existierte der Bereich Wärmeversorgung in der damaligen Gebäudewirtschaft Prenzlau. Dieser Betriebsteil versorgte damals die Wohngebiete Am Durchbruch mit 164 Wohnungen, einen Kindergarten und eine Schule sowie den Bereich der Innenstadt (Marktberg) mit 501 Wohnungen und diversen Geschäften, die sich in den Wohngebäuden befanden. Noch bis zum Dezember 1993 verwendete man für die Versorgung der Wärmekunden Dampf aus der Zuckerfabrik.

FERNWÄRME MIT HOHEM INVESTITIONSBEDARF

Am 1. Januar 1994 startete offiziell der Kundenbetrieb der Stadtwerke Prenzlau. Der Verwaltungssitz befand sich in der Schwedter Straße 80, dem Standort des Wasserwerks. Mit Beginn des Jahres 1994 begann die Tätigkeit im Bereich Nah- und Fernwärmeversorgung, wobei auch Beschäftigte der Wohnbau GmbH, die diesen Betriebsbereich betreut hatten, von den Stadtwerken übernommen wurden. Mit der Ankündigung der Schließung des Betriebsbereiches zum Dezember 1994 installierte man im heutigen Heizhaus am Thomas-Müntzer-Platz eine neue Heizkesselanlage. Im Zusammenhang mit dieser Investition wurde ein Energiekonzept für die Stadt Prenzlau erstellt und das Wärmeversorgungsgebiet der Innenstadt um das Wohngebiet der Heinrich-Heine-Straße und der Geschwister-Scholl-Straße erweitert. Die Ausdehnung des Wärmeversorgungsgebietes der Stadtwerke auf den Bereich der Oststadt begann ebenfalls 1994. Durch den Neubau des Heizhauses am Georg-Dreke-Ring konnte der Versorgungsbe-

Sanierung der Heiztrasse in der Winterfeldtstraße 2009

trieb langfristig gesichert werden, obwohl hier das Armaturenwerk als Dampflieferer ausfiel.

Ende 1995 entstand das Informationswesen bei den Stadtwerken Prenzlau. Das Informationswesen erarbeitet Leitungspläne und erteilt wichtige Leitungsauskünfte in Vorbereitung von Erschließungs- und Erdarbeiten. Die Stadtwerke begannen sich zu entwickeln. Die nun folgenden Jahre waren gekennzeichnet durch eine sehr intensive Neubau- und Sanierungstätigkeit in fast allen Bereichen. Am 12. Januar 1996 war in der Zeitung zu lesen: „Millionen fließen über die Stadtwerke, Investitionen in leistungsfähige Infrastruktur". Der Aufbau des kommunalen Versorgungsbetriebes bedeutete eine neue, spannende, aber auch anspruchsvolle und schwierige Aufgabe. Den Interessen der Prenzlauer Bürgerschaft an eigenverantwortlich geführten Stadtwerken stand oftmals beharrlicher Widerstand der bisherigen Versorger im Wege.

Es war abzusehen, dass in die Sanierung des Fernwärmenetzes mehrere Millionen DM investiert werden mussten, um die bisherigen Netzverluste entscheidend zu reduzieren. Zum volkswirtschaftlich sinnvollen, sparsamen Wärmeverbrauch trugen aber auch flächendeckend installierte Verbrauchsmessgeräte, die Anwendung moderner Regeltechnik sowie Sanierungsmaßnahmen am Gebäudebestand der Wohnungsbaugesellschaft, der Wohnungsgenossenschaft und der Hauseigentümer bei. In dem Maße, wie die Sanierung der Altanlagen voranging und die Rohbraunkohle durch leichtes Heizöl oder Erdgas abgelöst werden konnte, (in dem Maße) wurden auch die Emissionen von Schadstoffen spürbar gesenkt.

Mit der Sanierung des Wohnungsbestandes am Robert-Schulz-Ring und der Philipp-Hackert-Straße wurde der gesamte Neubaubestand in diesem Wohngebiet an die Fernwärmeversorgung angeschlossen. Die ständige Erweiterung der Wärmeversorgungsgebiete (1970 gab es 500 Meter Heiztrasse) führte dazu, dass die Stadtwerke Prenzlau zurzeit über ein ca. 11 Kilometer langes Fernwärmenetz mit neuen Heiztrassen verfügen. 〉

Richard Stutzke (r.), Leiter der Fernwärme, mit Simon Kutzner an einem BHKW

13. Februar 1990 – Der Ruf aus Dresden wird veröffentlicht, mit dem eine Bürgerinitiative zum Wiederaufbau der Frauenkirche in Dresden aufruft.

1. März 1990 – Der DDR-Ministerrat beschließt die Umwandlung aller Kombinate und volkseigenen Betriebe in Kapitalgesellschaften sowie die Einrichtung einer Anstalt zur treuhänderischen Verwaltung von Volkseigentum.

18. März 1990 – Bei den ersten und einzigen freien Volkskammerwahlen erreicht die konservative „Allianz für Deutschland" aus CDU, DSU und DA mit 48,15 Prozent der Stimmen einen überwältigenden Sieg. Die SPD erhält 21,84 Prozent, die PDS 16,33 Prozent und die Liberalen 5,28 Prozent der Stimmen. Das Bündnis 90, in dem sich die Hauptinitiatoren der friedlichen Revolution zusammengeschlossen haben, erreicht nur 2,91 Prozent der Stimmen. Die Wahlbeteiligung liegt bei 93,38 Prozent.

21. Mai 1990 – Der erste in der DDR gefertigte VW-Polo läuft im Automobilwerk Zwickau vom Band.

Wärmepumpe der Geothermieanlage

DER ZEIT VORAUS

Ausgehend von den vorhandenen Wärmeversorgungsanlagen und der bevorstehenden Sanierung von einigen Wohnkomplexen ließ die Stadt 1991 ein Wärmeversorgungskonzept für das gesamte Stadtgebiet erstellen. Anhand dessen beschloss die Stadtverwaltung, die bestehenden Wärmelieferverträge zu erweitern, das Fernwärmenetz auszubauen und ein Konzept zur wirtschaftlichen und umweltschonenden Nutzung des Prenzlauer Tiefenwassers zu entwickeln. Es gelang, die geothermische Heizzentrale Prenzlau nicht nur zu revitalisieren, sondern auch mit einem neuen Verfahren zur Erdwärmenutzung als Pilotanlage in Betrieb zu nehmen. In dieser geothermischen Heizzentrale wird erstmals in Deutschland mit einer 2,8 Kilometer tiefen Sonde

de Wärme ohne Stoffaustausch aus dem Erdinneren gewonnen. Die Planung für die neue Geothermieanlage wurde im Herbst 1993 gemeinsam mit dem Bau der neuen Heißwassererzeuger durchgeführt. Das Grundelement war die Vertiefung der bis etwa 1.050 Meter reichenden Injektionssonde bis auf 3.000 Meter Tiefe. Dazu wurden etwa 950 Meter der alten Verrohrung der Injektionssonde (in 9 5/8 Zoll) genutzt. Nach seitlichem Aufschneiden der Rohrtour und Ablenken konnte die Bohrung dann mit 6 5/8 Zoll weitergeführt und bis zur Endtiefe gebracht werden. Durch diese Arbeiten wurden die praktischen Voraussetzungen geschaffen, um mit Hilfe einer entsprechenden Verrohrung Erdwärme in einem Einsondenverfahren zu nutzen.

Am 10. November 1994 nahm dann die erste geothermische Heizzentrale, die eine Tiefensonde zur versorgungswirksamen Wärmegewinnung nutzt, ihren Betrieb auf. Die Geothermieanlage am Thomas-Müntzer-Platz besitzt eine maximale thermische Leistung von 500 Kilowatt. Der ökologische Wert dieser Art von Anlagen ist unbestritten. Nicht nur, weil die Emission gegenüber einem mit fossilen Brennstoffen betriebenen Heizwerk um 20 Prozent geringer ist, sondern auch weil Brennstoffressour-

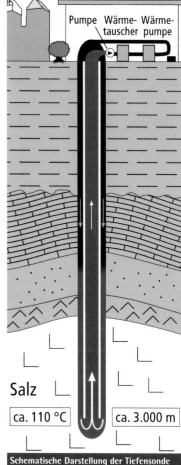

Pumpe Wärme- Wärme-
       tauscher pumpe

Salz

ca. 110 °C   ca. 3.000 m

Schematische Darstellung der Tiefensonde Geothermieanlage Thomas-Müntzer-Platz

cen geschont werden und die Energie ganzjährig zur Verfügung steht. Heute versorgt die Geothermieanlage Wohnungen mit Wärme und Warmwasser. ‹

STADTWERKE PRENZLAU

Geothermie Erdwärme nutzen

Die Energie der Uckermark

Geothermie ist die in Form von Wärme gespeicherte Energie unterhalb der Oberfläche der festen Erde. Umgangssprachlich wird auch die Nutzung dieser Energie als Geothermie bezeichnet. Quelle der Geothermie ist fast ausschließlich die beim Zerfall radioaktiver Isotope im Erdinneren frei werdende Wärme. Die Temperaturen im Erdinneren betragen nach Schätzung über 5.000 °C. Die Geothermie nutzt durch Tiefbohrungen die Erdwärme selbst. Der Temperaturanstieg beträgt in der Regel ca. 30 °C je 1.000 m.

Zusammenarbeit mit dem Umland

Die Gründung des NUWA

Wie die Stadt Prenzlau wurden nach der Wende auch die Umlandgemeinden von Prenzlau in die Pflicht genommen, die Trinkwasserver- und Abwasserentsorgung zu gewährleisten. Gemeinsam gründeten 1993 die Gemeinden im Gebiet des Altkreises Prenzlau (ohne die Stadt Prenzlau) den Nord-Ukermärkischen Wasser- und Abwasserverband (NUWA). Heute besteht er aus der Stadt Brüssow und den Gemeinden Carmzow-Wallmow, Göritz, Schenkenberg, Schönfeld, Gramzow (Gramzow, Meichow, Lützlow), Grünow, Oberuckersee, Randowtal, Uckerfelde, Nordwestuckermark, Uckerland sowie der Stadt Prenzlau für die Ortsteile Blindow, Dauer, Dedelow, Güstow, Klinkow, Schönwerder. Der Verband übernahm ebenfalls von der Neubrandenburger Wasser AG die Wasserversorgung und die Abwas-

serentsorgung. Der Zweckverband dient dem öffentlichen Wohl und muss äußerst verantwortungsbewusst mit den Gebühren der Bürger wirtschaften. Um die vielfältigen Aufgaben effizient zu bewältigen und die hohe Verantwortung des Zweckverbandes nachhaltig sichern zu können, schlossen der Verband und die neu gegründeten Stadtwerke Prenzlau am 1. Oktober 1993 einen Betriebsführungsvertrag zur geregelten Bewirtschaftung sämtlicher technischen Anlagen ab. Die Zusammenarbeit lag nahe, denn Zweckverband und Stadtwerke hatten gleiche Interessen und konnten auf diese Art ihr personelles sowie technisches Know-how bündeln sowie großflächig und damit kostengünstig und effizient agieren.

Nach der Gemeindegebietsreform zählt der NUWA heute 13 Mitglieder mit rund 24.000 Einwohnern.

Der Anschlussgrad an die öffentliche Trinkwasserversorgung liegt bei 99 Prozent. Die Gesamtzahl der Wasserwerke verringerte sich von 65 im Jahr 1990 auf 23 im Jahr 2010. Im Abwasserbereich wird das Schmutzwasser von etwa 7.000 Einwohnern über Ortsentwässerungen entsorgt. Für die anderen Einwohner organisiert der Verband zurzeit die mobile Abwasserentsorgung.

Im Rahmen des Betriebsführungsvertrages wird von den Mitarbeitern der Stadtwerke Prenzlau GmbH die technische und kaufmännische Betriebsführung durchgeführt. Das bedeutet, dass auch den Bürgern des Verbandsgebietes der gleiche Service zur Verfügung steht wie den Prenzlauer Bürgern. Bei allen Problemen, Wünschen und Anfragen rund um die Versorgung mit Energie und Wasser sowie die Entsorgung von Schmutzwasser benötigen die Bürger nur noch einen Ansprechpartner vor Ort. Alles ist direkt mit den Mitarbeitern der Stadtwerke Prenzlau zu klären. ❯

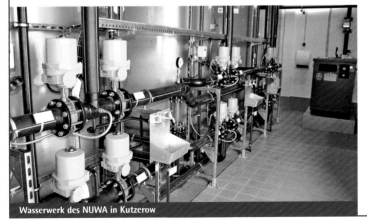

Wasserwerk des NUWA in Kutzerow

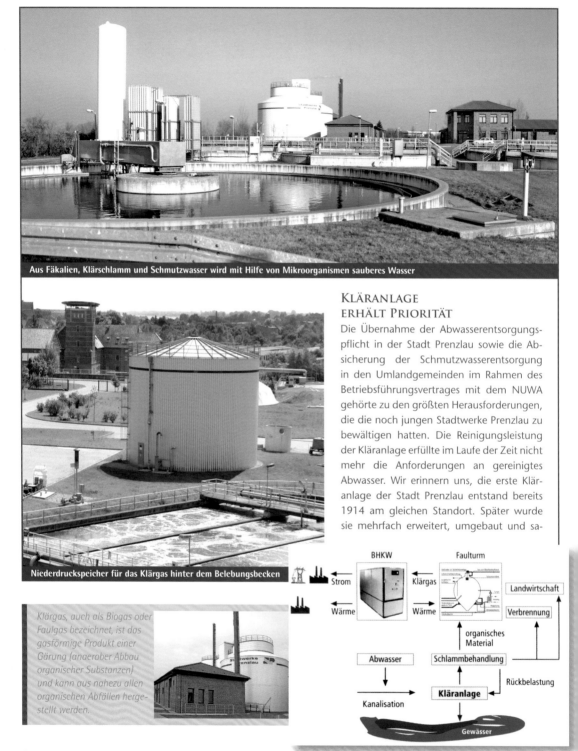

Aus Fäkalien, Klärschlamm und Schmutzwasser wird mit Hilfe von Mikroorganismen sauberes Wasser

Niederdruckspeicher für das Klärgas hinter dem Belebungsbecken

KLÄRANLAGE ERHÄLT PRIORITÄT

Die Übernahme der Abwasserentsorgungs-pflicht in der Stadt Prenzlau sowie die Ab-sicherung der Schmutzwasserentsorgung in den Umlandgemeinden im Rahmen des Betriebsführungsvertrages mit dem NUWA gehörte zu den größten Herausforderungen, die die noch jungen Stadtwerke Prenzlau zu bewältigen hatten. Die Reinigungsleistung der Kläranlage erfüllte im Laufe der Zeit nicht mehr die Anforderungen an gereinigtes Abwasser. Wir erinnern uns, die erste Klär-anlage der Stadt Prenzlau entstand bereits 1914 am gleichen Standort. Später wurde sie mehrfach erweitert, umgebaut und sa-

Klärgas, auch als Biogas oder Faulgas bezeichnet, ist das gasförmige Produkt einer Gärung (anaerober Abbau organischer Substanzen) und kann aus nahezu allen organischen Abfällen herge-stellt werden.

BHKW — Faulturm
Strom ← Klärgas → Landwirtschaft
Wärme ← Wärme → Verbrennung
organisches Material
Abwasser → Schlammbehandlung
Kanalisation → Kläranlage ← Rückbelastung
Gewässer

Das Gelände der Kläranlage

Einwohnergleichwerte:

Man drückt die
Verschmutzung des
Abwassers in Einwohner-
gleichwerten aus.
Diese Einheit ist der
fünftägige Sauerstoff-
bedarf der täglichen
Abwassermenge eines
Einwohners, der beim
Abbau der organischen
Stoffe von Mikroorganis-
men verbraucht wird.

niert. Letztmalig stand die Sanierung der Kläranlage im Wendejahr 1990 auf der Liste der Investitionsvorhaben. Zu dieser Bau- und Modernisierungsmaßnahme gehörte auch das Wohnhaus des Klärwerkmeisters. Allerdings entsprach auch nach der Sanierung das Klärwerk nicht den Anforderungen, die nach der Wende an eine moderne Entsorgungsanlage gestellt werden mussten. Die jetzt geltenden DIN-Normen konnten trotz aufwendiger Arbeiten nicht erreicht werden. Das Problem wurde in der Stadt zügig erkannt und eine neue, grundsätzliche Lösung angestrebt. Ob es nun der Wende-Euphorie oder einer unbürokratischen Genehmigungsbeschleunigung zu verdanken ist, auf jeden Fall wurden die beantragten Fördermittel für den Neubau auch bewilligt und so konnte von 1993 bis 1996 bei laufendem Betrieb für ca. 50 Millionen DM am alten Standort eine vollkommen neue und den Anforderungen der Zeit entsprechende Kläranlage errichtet werden. Durch den Neubau der Kläranlage mit einer Anschlussgröße von 80.000 Einwohnergleichwerten (EGW) gehört sie entsprechend der Rahmen-Abwasser-Verwaltungsvorschrift zur Größenklasse 4 und muss gezielt Kohlenstoff, Stickstoff und Phosphor reduzieren. Alle Verschmutzungsparameter unterliegen der permanenten Analyse und Kontrolle. Die Anschlussgröße ergibt sich nicht allein aus der Einwohnerzahl Prenzlaus, sondern auch aufgrund der langfristig vertraglich gesicherten Annahme der Abwässer von der Uckermärker Milch GmbH. ›

Die Fäkalienannahme

STADTWERKE
PRENZLAU

Klärgas
Bioenergie nutzen

Die Energie der Uckermark

Prenzlauer Stadtarchiv:

1992
Straßenumbenennungen:
Friedrichstraße,
Baustraße, Steinstraße,
Kleine Friedrichstraße,
Uckerpromenade,
Kupferschmiedegang,
Neustädter Damm,
Neustadt, Stettiner
Straße und Marktberg.

Eingemeindung von
Seelübbe.

1993
Das aus 13 Gemeinden
bestehende Amt Prenzlau
Land wird gegründet.

Ratifizierung der
Vereinbarung über den
Abschluss einer Städte-
partnerschaft zwischen
den Städten Swidwin
und Prenzlau durch die
Prenzlauer SW.

Im März wird Prenzlau
Kreisstadt für den
Großkreis Uckermark.

Das Innenleben der Gasdruckregelstation am Schafgrund (Marktkauf)

Bei strenger Überwachung der Konzentrationen der festgelegten Ablaufwerte wurde der Kläranlage Prenzlau gemäß Wasserhaushaltsgesetz und Brandenburgischem Landeswassergesetz die Einleiterlaubnis für die Ucker erteilt. Da die tatsächlich erreichten Ablaufkonzentrationen die festgelegten Überwachungswerte zum Teil erheblich unterschreiten, leisten die Stadtwerke Prenzlau mit der modernen Kläranlage einen entscheidenden Beitrag zur Entlastung des Ökosystems der Ucker.

Im neuen, technisch auf dem neuesten Stand arbeitenden Klärbetrieb kann aus dem anfallenden Klärschlamm durch weitere Prozesse Klärgas gewonnen werden, das seit 2010 in zwei Blockheizkraftwerken (BHKW) zu Strom und Wärme umgewandelt wird. Die BHKWs der Firma Sokratherm sind mit MAN-Motoren bestückt, die jeweils eine elektrische Leistung von 123 Kilowattstunden sowie eine thermische Leistung von 181 Kilowattstunden ausweisen. Die Energie treibt unter anderem die Gebläse für das Belebungsbecken an und beheizt die Faultürme zur Beschleunigung der Faulprozesse. Hinzu kommt, dass der zeitweise auftretende Wärmeüberschuss in die Heiztrasse zum Heizhaus Thomas-Müntzer-Platz eingeleitet wird. Der überschüssige Strom gelangt ins Netz der öffentlichen Versorgung.

DER NEUE ENERGIE-TRÄGER ERDGAS

Schon zu Beginn der 1980er Jahre hatte die Gaswirtschaft in der ehemaligen DDR begonnen, die Stadtgasversorgung durch den modernen, sauberen und ökologisch sinnvollen Energieträger Erdgas zu ersetzen. Mit seinen ausgezeichneten Brenneigenschaften und Heizwerten entwickelte sich Erdgas zum Wunschenergieträger Nr. 1. Erste Anschlüsse wurden durch den Bau einer Erdgastrasse über die CSSR nach Berlin-West möglich. Einige Standorte der Glas- und Chemieindustrie sowie Schritt für Schritt auch Berlin-Ost erhielten über diese Leitung russisches Erdgas. Erst mit dem Bau einer Tausende Kilometer langen Erdgastrasse von Sibirien in die DDR hatte man auch die technischen Voraussetzungen geschaffen, die Umstellung von Stadtgas auf Erdgas in großem Maßstab zu beschleunigen. Hinzu kam am 1. Januar 1991 der Wegfall staatlicher Subventionen für die Energiepreise. Der Stadtgaspreis stieg über Nacht um mehr als das Dreifache. Mit diesem Preisniveau war abzusehen, dass Stadtgas unter den Bedingungen des Marktes kaum noch Wettbewerbschancen gegenüber anderen Energieträgern besaß. Wollte man die bisherigen Stadtgaskunden nicht verlieren, musste auch in Prenzlau schnellstens die Umstellung auf das Erdgasangebot vollzogen werden.

Containerbüros der Mitarbeiter vor der Sanierung des Hauptsitzes in der Freyschmidtstraße

Für die flächendeckende Umrüstung auf Erdgas stand eine Vielzahl technischer und organisatorischer Aufgaben an. Die gesamte Verantwortung lag noch bei der OMG. Die Stadt Prenzlau einschließlich Holzendorf, Steinfurth, Dedelow, Schönwerder, Ellingen, Wollenthin, Bündigershof, Seelübbe, Mühlhof, Alexanderhof und Röpersdorf werden seitdem über sechs moderne Gasübergabestationen versorgt. Ihre Abgabeleistung beträgt 9.523 Normkubikmeter/Stunde. Damit können die 3.695 Kunden, darunter auch fast alle großen und mittelständischen Unternehmen, zu jeder Zeit sicher und kontinuierlich mit Erdgas beliefert werden. Seit Dezember 1993 strömt ausschließlich Erdgas durch das Gasnetz der Stadt Prenzlau.

Gasdruckregelstation am Marktkauf

GAS IN STADTWERKE-REGIE

Zum 1. Januar 1995 erweiterten sich die Geschäftsbereiche der Stadtwerke um ein weiteres Feld.

Werner Gall (l.), Gisela Hahlweg (M.) und Bürgermeister Hans-Peter Moser (r.) an der Erdgasfackel in Dedelow 2004

Die Stadtwerke hatten von der Ostmecklenburgischen Gasversorgung Neubrandenburg GmbH (OMG) das Gasnetz der Stadt erworben. Durch die Übernahme einiger OMG-Mitarbeiter durch die Stadtwerke, wurden die Räumlichkeiten auf dem Gelände des Wasserwerkes in der Schwedter Straße 80 bald zu klein. So wurden Räume am Thomas-Müntzer-Platz im Bereich der Fernwärme und auf der in den Jahren 1993 bis 1996 vollkommen neu errichteten Kläranlage genutzt, um den Mitarbeitern entsprechende Räumlichkeiten für die Durchführung ihrer Arbeitsaufgaben zur Verfügung zu stellen. Trotzdem reichten diese Plätze nicht aus. Aus der Notsituation heraus wurden sogar auf dem Hof des Wasserwerkes Bürocontainer aufgestellt. Damit wurden zwar Arbeitsmöglichkeiten für die Mitarbeiter geschaffen, als Lösung des Problems konnten diese Maßnahmen aber nicht angesehen werden.

ERDGAS AUS DEM EUROPÄISCHEN VERBUND

Das von uns genutzte Erdgas entstand vor vielen Millionen Jahren in größeren Tiefen. Es bildet sich über viele geochemische Umwandlungsprozesse aus organischem Material, das in ausgedehnten Lagerstätten in verschiedenen Teilen der Welt mit Bohrungen erkundet und ausgebeutet wird. Langfristige Lieferverträge und eine ausgefeilte Logistik sichern bis heute den kontinuierlichen, bedarfsgerechten Bezug des überwiegend norwegischen und russischen Energieträgers Erdgas aus dem europäischen Verbundnetz.   ›

Seite 93

Gasversorgungsgebiet Stadtwerke Prenzlau GmbH

STADTWERKE PRENZLAU

Versorgungsgebiete

I   IV

II   V

III

örtliches Verteilnetz

Einspeisepunkt

HD- Ortstransportleitung (OT) > 4 bar

Ortsverteilnetz (OV)

Stand : 02 / 2009

Nach Prenzlau gelangt der Energieträger über das überregionale unterirdische Ferngasleitungsnetz zur Erdgasübergabestation. Von da tritt es seinen Weg über das regionale Leitungsnetz der Stadtwerke zu jedem Verbraucher an.

In der Gasdruckregelanlage (GDR-Anlage) wird das vom Vorlieferanten ankommende Erdgas von 25 bar auf 0,73 für das bestehende Mitteldruckversorgungsnetz und auf 0,022 bar für das Niederdruckversorgungsnetz reduziert. Im Versorgungsgebiet der Stadt Prenzlau werden die Gaskunden über Hochdruck-, Mitteldruck- und Niederdrucknetze sowie Hausanschlüsse beliefert. Vom bestehenden Mitteldrucknetz werden die Kunden direkt über Hausanschlüsse mit Druckreduzierung

am Hausdruckregler auf 0,022 bar versorgt. Damit können Heizgeräte, Gasherde sowie Warmwassergeräte sicher und unproblematisch betrieben werden.

Zur technischen Ausstattung gehören 39,2 Kilometer Niederdruckleitungen, 50,4 Kilometer Mitteldruckleitungen und 27,9 Kilometer Hochdrucktrassen sowie 4 GDR-Anlagen und ca. 1.972 Hausanschlüsse. Der Gasabsatz lag im Jahr 2009 bei 142.000 Megawattstunden.

DER NEUE FIRMENSITZ

Zum Ende der 1990er Jahre verdichteten sich die Überlegungen, einen anderen Standort für den Firmensitz der Prenzlauer Stadtwerke zu suchen. Was lag dabei näher, als den alten Standort in der Freyschmidtstraße in die engeren Betrachtungen einzubeziehen. Aus architektonischer Sicht schien das ehemalige Apparate- und Reinigergebäude für einen neuen Verwaltungssitz interessant zu sein. Das Architekturbüro Beckert und Stoffregen schien die beste Gewähr dafür zu bieten, dem alten und unter Denkmalschutz stehenden Gebäudekomplex, der dem Verfall und möglichen Abriss preisgegeben war, neues Leben einzuhauchen und hier den neuen alten Firmensitz der Prenzlauer Stadtwerke (wieder) entstehen zu lassen. Durch die Nutzung des vorhandenen Gebäudes konnte ein neuer Verwaltungssitz errichtet werden. Die Kosten für die Sanierung beliefen sich auf ca. 2.300 DM/Quadratmeter, wobei davon 500 DM allein

Der neue Firmensitz der Stadtwerke Prenzlau GmbH

für den Denkmalschutz und die Altlastensanierung eingesetzt werden mussten. Ein Neubau wäre teurer geworden.

Am 20. Juni 1999 wurde das 100-jährige Bestehen des Prenzlauer Wasserwerkes mit einem Tag der offenen Tür begangen. Viele Prenzlauer kamen, um sich das Werk anzusehen, von dem aus sie täglich mit frischem und gesundem Trinkwasser versorgt werden. Die Veranstaltungen an diesem Tag im Wasserwerk und auf dem Gelände des großen Reinwasserbehälters hatten schon einen richtigen Volksfestcharakter. Wenige Tage vor diesem Ereignis erschien auch die erste Ausgabe der Stadtwerke Zeitung. In dieser Kundenzeitschrift ist auf acht Seiten Interessantes zu den Themen Energie und Wasser in abwechslungsreicher Folge enthalten. Vier dieser Seiten werden durch die Stadtwerke Prenzlau selbst zusammengestellt. Hier erfahren die Kunden der Stadtwerke Interessantes, werden

Zusammenhänge erklärt und es wird auf Besonderheiten hingewiesen. Die Zeitung erscheint vierteljährlich und wird kostenlos in alle Prenzlauer Haushalte verteilt. Dazu gehören auch die Haushalte der zur Stadt gehörenden Ortsteile.

Am 24. November 1999 war es so weit. Noch vor dem Jahrtausendwechsel begann der Umzug. Die Leitung und die ersten Mitarbeiter des kaufmännischen Bereiches der Stadtwerke zogen von ihrem bisherigen Standort auf dem Gelände des Wasserwerkes in der Schwedter Straße 80 zum neuen und doch alten Standort in die Freyschmidtstraße 20. Das Besondere: Es ist in der Geschichte der Prenzlauer Stadtwerke der zweite Umzug zu diesem Standort. ❯

Seit 1999 erhalten alle Prenzlauer 4 mal im Jahr die Stadtwerke Zeitung.

STADTWERKE PRENZLAU

Der erste Umzug dorthin erfolgte bereits im November 1908, vom Wohn- und Verwaltungsgebäude des alten Gaswerkes in der Kietzstraße 7, damals noch unter der Bezeichnung Städtische Werke. Mit dem erneuten Umzug wurde auch ein neues Firmenlogo eingeführt. Es hat die Grundfarben Grün und Blau.

EIN STÜCK INDUSTRIE-GESCHICHTE PRENZLAUS

Durch die Sanierung des Gebäudekomplexes des alten Gaswerkes entstand eine gelungene Kombination aus Industriebau und Verwaltungssitz. Durch die Einbeziehung moderner Gestaltungselemente ergibt sich ein interessantes Ambiente. Mit der Fertigstellung des Gesamtkomplexes einschließlich der Außenanlagen entstand eine Besonderheit in der Prenzlauer Architekturlandschaft. Das ehemalige Reinigergebäude, benannt nach der darin erfolgten Reinigung

des erzeugten Gases in mehreren Stufen, ist gut an seinem Turm erkennbar. Dieser hat nun eine leicht abgeschrägte Platte anstelle einer Turmspitze. Die Sanierung dieses Gebäudes war mit erheblichen Schwierigkeiten verbunden.

50 Jahre Gasproduktion hatten ihre Spuren auch innerhalb des Gebäudes hinterlassen. Bei der Sanierung des Gebäudes wurden verschiedene Maßnahmen zum Schutz vor möglichen Schadstoffen angewendet. Mauern wurden zum Teil entfernt, durch neue ersetzt oder mit speziellen Verfahren behandelt, sodass ein Schadstoffaustritt wirkungsvoll verhindert wird. Das Innere des Gebäudes hat einen stark technischen Charakter. Kräftige Stahlträger und Stützen, durch einen stahlblauen Anstrich farblich noch besonders hervorgehoben, sowie die verzinkten Trapezblechdecken fallen sofort auf. Auch die unterhalb der Decken verlaufenden Kabelträger verstärken diesen Eindruck. In diesem Gebäude sind

die Büroräume für die Verwaltung und den kaufmännischen Bereich entstanden. Mit der Sanierung des ehemaligen Maschinenhauses (Turbinenhaus) des Elektrizitätswerks entstanden Räume für die technischen Kräfte des Unternehmens. Es gibt Büros für die Abteilungsleiter und die Vorarbeiter,

Die neuen Umkleideräume der Mitarbeiter

Das neue Firmengelände bietet auch Platz für Werkstätten und Parkplätze

Bauarbeiten auf dem Gelände

Eckhard Linde (r.), Leiter Material/Einkauf, und sein Mitarbeiter Jürgen Grützner im firmeneigenen Lager

Beratungsraum im Dachgeschoss der Stadtwerke Prenzlau GmbH

Aufenthaltsräume, einen modernen Wasch- und Duschraum sowie einen Umkleideraum mit besonderer Lüftung und Heizung für die Trocknung nasser Arbeitsbekleidung der Mitarbeiter. Anfang des Jahres 2004 erfolgte der Umzug der Mitarbeiter der Abteilung Informationswesen von den Räumlichkeiten im Heizhaus Thomas-Müntzer-Platz in die Räume im oberen Geschoss des ehemaligen Maschinenhauses, gefolgt von den Mitarbeitern des Bereiches Fernwärme.

SCHWANKENDE PREISE

Fast 10 Jahre nach der Wende hatte man sich an vieles Neue bereits gewöhnt, auch an schwankende Preise, doch dass der Erdgaspreis etwas zeitversetzt immer dem Ölpreis folgte, war schwer zu verstehen. Mit dem Anstieg des Ölpreises Mitte des Jahres 1996 folgte der Erdgaspreisanstieg ein halbes Jahr später. Das Erdgas war nicht mehr für einen Einheitspreis zu bekommen. Die Ölpreisbindung stammte noch aus den 1960er Jahren. Damals wurde sie als Verbraucherschutz eingeführt, da in dieser Zeit die Gaspreise im Gegensatz zu heute weit über den Ölpreisen lagen. Später gewährleistete die Ölpreisbindung langfristig Erdgaslieferungen zu wettbewerbsfähigen Preisen. Denn: Nur langfristige Verträge bieten den deutschen Importeuren Sicherheit für ihre Bezüge von den drei wichtigsten Erdgasproduzenten Russland, Norwegen und Niederlande. Für diese bieten solche Verträge andererseits Investitionssicherheit für die kapitalintensive Erschließung ihrer Erdgasfelder. So wurde ein Interessenausgleich zwischen der starken Produzentenseite und den Importunternehmen erreicht. Die Verbraucher profitieren bei einem niedrigeren Ölpreisniveau von den dann auch niedrigeren Erdgaspreisen. So sank der Gaspreis zwischen 1985 und 1997 um 30 Prozent. Ohne Ölpreisbindung wären solche Preissenkungen gegenüber den wenigen Produzenten kaum durchsetzbar gewesen.   ‹

Prenzlaus Innenstadt

STADTUMBAU – FÜR EIN NEUES PRENZLAU

Prenzlau gehörte zu den 40 brandenburgischen Orten, die Bewilligungsbescheide für die Zuwendungen zum Stadtumbau erhalten hatten. Da bei diesem Programm aber weder schnelle Entscheidungen noch kurzfristige Lösungen gefragt waren, sondern eher bedachte Planungen und Umsetzungen, war das gesamte Projekt nur als gemeinschaftliches Anliegen der gesamten Region zu realisieren. Die Wasser- und Energieversorgungsunternehmen stellte das Programm vor enorme Herausforderungen, denn in einem Versorgungsnetz können nicht einfach einige Leitungen und Rohre gekappt werden, da müssen Verteil-Systeme auch nach dem Abriss noch funktionieren, Lücken geschlossen, Druckverhältnisse garantiert und die Versorgungssicherheit stabil gehalten werden.

ERDGAS FAHREN HEISST CLEVER SPAREN

Mit dem Bau der ersten Erdgastankstelle im Stadtgebiet investierten die Stadt-werke Prenzlau 2003 in eine zukunftsweisende Technologie. Die Eröffnung der Erdgastankstelle, integriert in die Tankstelle Glaser in der Brüssower Allee, am 21. Juni war die erste in der Uckermark. „Wir bringen den preiswertesten umweltfreundlichsten Kraftstoff in die Stadt" unter diesem Motto errichtete der kommunale Dienstleister die Erdgastankstelle und trug dazu bei, dass in den neuen Bundesländern in jener Zeit etwa 100 Erdgastankstellen zur Verfügung standen. Etwa 15 Erdgastankstellen wurden in jenen Jahren in Deutschland jeden Monat eröffnet. Damit verdichtete sich das Tankstellennetz von Jahr zu Jahr spürbar und das Fahren mit Erdgas wurde immer komfortabler. Mit der Erdgastankstelle leisteten die Stadtwerke Prenzlau einen wichtigen Beitrag zum Aufbau des flächendeckenden Erdgaszapfsäulenangebots in Deutschland. Das bedeutete einen weiteren Schritt zur breiten Markteinführung des Erdgasantriebs in der Region als wirtschaftlich sinnvolle und umweltschonende Perspektive sowohl für die individuelle als auch flottengestützte Mobilität, denn Fahren mit

Erdgas, das heißt sparsam, sicher und sauber fahren. Die Stadtwerke Prenzlau gingen beispielhaft voran und ergänzten ihre eigene Flotte mit zwei Erdgasautos Ford Focus sowie einem Erdgas-VW Polo.

Für die Einführung neuer Technologien brauchte es stets triftige Gründe. Für das Fahren mit Erdgas

Erstes Erdgasauto der Stadtwerke-Flotte

gab es zwei – einen wirtschaftlichen und einen umweltschonenden. Vor allem bei steigenden Benzinpreisen war der wirtschaftliche Aspekt nicht zu unterschätzen. Für Benutzer von Erdgasfahrzeugen galt das Motto: Fahren mit Erdgas – Tanken für die Hälfte.

Bis zum Jahr 2012 prognostizierte man in Deutschland einen Zuwachs auf mehr als 500.000 Erdgas-Fahrzeuge. Vor allem Vielfahrer (Speditionen, Taxis, Fahrschulen, Wachdienste und viele mehr) profitieren von der Erdgasnutzung, doch geeignet und kostengünstig ist dieser Kraftstoff auch für den Individualverkehr. Langfristig ist vorgesehen, dass in Deutschland in den Städten alle fünf Kilometer eine Erdgaszapfsäule steht. Auf dem Lande soll der Abstand nicht mehr als 20 bis 25 Kilometer betragen.

Technisch gesehen besteht eine Erdgastankstelle aus einer Fördereinrichtung (Verdichter), einer Trocknungseinheit, einem Gas-

speicher sowie den verbindenden Rohrleitungen und Stromversorgungsleitungen. Das für die Betankung der Fahrzeuge benötigte Erdgas gelangt aus dem örtlichen Versorgungsnetz der Stadtwerke zur Tankstelle. Dazu wird es in der Trocknungseinheit getrocknet, anschließend in den Erdgaskompressoren auf den Arbeitsdruck von max. 290 bar verdichtet und im Hochdruckspeicher zwischengelagert. Das Tanken mit Erdgas ist völlig unproblematisch und vor allem ungefährlich. Ein System genormter Zapf- und Füllstutzen sichert, dass keine Bedienfehler auftreten. Im Gegensatz zum Tanken mit Benzin entweichen beim Erdgas keine giftigen Dämpfe. Ist der Erdgastank voll, wird der Vorgang automatisch beendet.   ‹

Geschäftsführer Harald Jahnke (M.) und Dr. Helaman Krause (r.) bei der Eröffnung der Erdgastankstelle in Prenzlau

Moderne Energiedienstleistung zu Beginn des 21. Jahrhunderts

Das denkmalgeschützte historische Wasserwerk

Der schwebende Wasserhahn

*Alles kommt vom Wasser
und alles wird
vom Wasser erhalten.*

Prenzlauer Stadtarchiv:

*1994
Beginn der Moderni-
sierungsarbeiten an der
Warmbadeanstalt.*

*Kreisverwaltung zieht in
die restaurierten
Kasernen in der
Karl-Marx-Straße ein.*

*1995
Der größte Windpark
des Landes Brandenburg
wird bei Dauer im Beisein
des Umweltministers
Matthias Platzeck in
Betrieb genommen.*

*1996
Der Brandenburg-Tag
wird erstmals in Prenzlau
gefeiert.*

*1999
April – Die Stadtwerke
Prenzlau GmbH erwerben
den Wasserturm, der zu
einem regionalen
Datenzentrum ausge-
baut werden soll.*

*Neueröffnung des Do-
minikanerklosters nach
umfassender Sanierung.*

*Sanierungsarbeiten am
alten Gaswerk werden
abgeschlossen.*

Im Jahr 2004 wurde das Wasserwerk II am Höftgraben nach 40 Jahren Betriebszeit aus wirtschaftlichen Gründen außer Betrieb genommen. Jetzt ist das Gebäude abgerissen und das Gelände renaturiert worden.

Auf dem Gelände des rekonstruierten Wasserwerkes in der Schwedter Straße (heute Goethestraße) hieß es zunächst Ordnung schaffen. Alle nachträglich errichteten Bauten, die also nicht zum ehemaligen Wasserwerk gehörten, wie die Trafostation, das Verwaltungsgebäude und die Garagen, wurden im Herbst 2004 rückgebaut und sachgerecht entsorgt. Erhalten geblieben sind das Kesselhaus, das Enteisenungsgebäude, das Wohnhaus und einige der Garagen. Auf einer kleinen Anhöhe nördlich des Maschinen- und Kesselhauses steht das Enteisenungs- und Filtergebäude. Als besonderer Schmuck zieren die hohen Giebel der beiden Schmalseiten den Bau. Das reiche Ziegeldekor in neogotischen Formen prägt das Erscheinungsbild der Giebel entscheidend mit.

Der Straße am nächsten gelegen, erhebt sich auf dem westlichen Grundsteil das ehemalige Kessel- und Maschinenhaus. Im Gutachten des Brandenburgischen Landesamtes für Denkmalpflege und des Archäologischen Landesmuseums von 2000 heißt es zu diesem Gebäude: „Es beherbergte anfangs zwei Dop-

Reinwasserpumpe im Wasserwerk Prenzlau

pelpumpen für Roh- bzw. Reinwasser sowie zwei Kessel zur Erzeugung des Dampfes, mit dem beide Pumpen betrieben wurden. Von der Ausstattung blieb jedoch nichts erhalten. Im äußeren Erscheinungsbild präsentiert sich das Gebäude als eingeschossiger Ziegel-/Putzbau mit Krüppelwalmdach. Die Ansicht der traufseitigen Fassade wird maßgeblich bestimmt durch große stichbogige Eisensprossenfenster in vertieft liegenden Wandfeldern sowie durch schmückende Ziegelfriese entlang des Traufgesims. An der Südseite wird der Mittelteil zusätzlich durch einen Risalit mit reich in neogotischen Formen gegliedertem Dreiecksgiebel betont. Ebenfalls eine aufwendige Gliederung zeigen die beiden trapezförmigen Giebel der Schmalseiten. Wie im Mittelrisalit stehen dabei Ziegelfriese und helle Putzflächen in einem reizvollen Kontrast. Turmartige Bekrönungen akzentuieren die Giebelspitze und -ecken und verleihen dem Gebäude eine reizvolle Silhouette."

Das Enteisenungsgebäude wurde innen vollständig entkernt und aufwendig saniert. Im Kellerbereich dieses Hauses errichtete man im Zuge der Sanierungsmaßnahmen das komplette neue Pumpensystem, das heute das Wasser in die Stadt und auch in die nun zu versorgenden Landbereiche befördert. Im Erdgeschoss fand die moderne Schaltwarte Platz, in der mit Hilfe von Computern alle Vorgänge kontrolliert und gesteuert werden können. Im Dachgeschoss entstand ein großer Raum für verschiedenste Veranstaltungen sowie ein Ausstellungbereich zur Geschichte des Wasserwerkes. Das Außengelände erfuhr eine fachgerechte RenaturierungundGrünflächenneugestaltung. 〉

Projektzeichnungen der Architekten Beckert & Stoffregen zur Sanierung des Wasserwerkes, in der Goethestraße

Vermutlich hätte der ehemalige Direktor der Stadtwerke, Dr. Fischer, jetzt wieder seine helle Freude an dem Wasserwerksgelände, das er im Jahrbuch der Stadt Prenzlau von 1931 so beschrieb: „Das Wasserwerk der Stadt Prenzlau liegt am Ende der Schwedter Straße – umgeben von einer schönen gärtnerischen Anlage – in der Nähe des Bahndammes Berlin-Pasewalk."

Mit der 2009 abgeschlossenen Sanierung und Modernisierung finden Baumaßnahmen einen angemessenen Abschluss und der Gebäudekomplex konnte dennoch einer modernsten Anforderungen entsprechenden Nutzung zugeführt werden.

In Deutschland und somit auch hier in Prenzlau ist es für die Bewohner zu einer Selbstverständlichkeit geworden, rund um die Uhr das in

Deutschland bestüberwachte Lebensmittel Nr. 1 an den Wasserhähnen zur Verfügung zu haben. Diese Selbstverständlichkeit hat auch ihren Preis. Trotzdem ist Wasser mit 0,159 Cent je Liter (Stand Juni 2010) wesentlich billiger als jedes andere Getränk und muss auch nicht in Flaschen oder sogar kistenweise nach Hause geholt werden.

HISTORISCHE HÜLLE – MODERN IM INNEREN

Das Wasserwerk liefert sein Trinkwasser in zwei druckmäßig getrennte Versorgungsbereiche, sogenannte Druckzonen. In jeder Druckzone ist ein Druckkessel installiert, der dem Ausgleich von Druckstößen im Trinkwasserversorgungsnetz dient. Der Druckkessel der Zone 1 umfasst 9.000 Liter Inhalt und der der Zone 2 steht mit

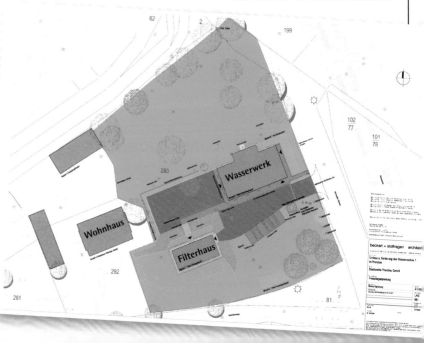

3.000 Litern Fassungsvermögen zu Buche. Die Reinwasserpumpen der Druckzone 1 saugen ihr Wasser über große Saugleitungen aus den Reinwasserbehältern 1 und 2. Fünf der sieben Reinwasserpumpen mit einer Förderleistung von 115 Kubikmeter/Stunde sind für die Abdeckung der Grund- und Spitzenlast sowie für die Sicherung des Feuerlöschbedarfs der Stadt Prenzlau zuständig. Die übrigen zwei kleineren Reinwasserpumpen mit einer Förderleistung von 50 Kubikmeter/Stunde decken den Schwachlastbedarf in den Abend- und Nachtstunden. Damit steht in der Druckzone 1 insgesamt eine maximale Förderkapazität von 675 Kubikmeter/Stunde zur Verfügung.

In der Druckzone 2, deren Reinwasserpumpen aus dem Förderstrom der Druckzo-

ne 1 saugen, arbeiten sechs Pumpen. Insgesamt hat die Druckzone 2, die Trinkwasser in die ländlichen Versorgungsnetze des NUWA leitet, eine Förderkapazität von etwa 144 Kubikmeter/Stunde. Alle Reinwasserpumpen sind mit modernen energieeffizienten Hochleistungsmotoren ausgerüstet und werden über Frequenzumrichter geregelt. Die Regelung verspricht nicht nur ein energiesparendes Arbeiten, sondern erlaubt es, auch bei schwankenden Wasserabgaben in das Versorgungsnetz den Druck am Ausgang des Wasserwerkes immer konstant zu halten.

WASSER IN BESTER QUALITÄT

Das gesamte Rohrnetz der Trinkwasserversorgungsanlagen der Stadtwerke beträgt 116 Kilometer, davon verbinden 30 Kilometer Hausanschlussleitungen 1.927 Anschlüsse miteinander. 941 Schieber, 41 Oberflur- und 413 Unterflurhydranten sowie eine Druckerhöhungsstation komplettieren die Anlagen. Die Wasserversorgung von Prenzlau hat zwei separate Wasserfassungen zur Gewinnung des Rohwassers. ›

Einsendung eines Lesers der Stadtwerke Zeitung zum Jubiläum:

110 Jahre Wasserwerk in Prenzlau

*Das Wasserwerk mit seinen Jahren
hätte längst das Rentenalter erfahren.
Aber aus technischen Gründen
Rente zu kriegen, ist nicht so leicht,
wenn der Zahn der Zeit sich zeigt.*

*Das Alter siehst du diesem Bauwerk nicht an,
es wurde saniert für jedermann.
Seit 110 Jahren fließt auf Verlangen,
durch Filter, Rohre, auch Wassernetz genannt,
aus Höhnen, die nicht krähen,
mit schneller Hand
ein kühles Nass,
füllt schnell ein Wasserfass.*

*Das Wasser säubert manche Wunden.
Den Durst von Mensch und Tier zu stillen,
erfüllt es unumwunden.
Auch Blumen durch ihr Blühen
können es bekunden.*

*Es lebt die Feuerwehr mit dem Nassen.
Oft ist es von ihr nicht zu fassen.
Die Technik, oh du Wunder,
hat Tücken, auch mal Plunder.*

*Dann war es besser,
Wasser aus dem Uckersee zu bunkern.
Der Hydrant, ein technisches Detail,
die Feuerwehr hat dafür keinen Schlüssel dabei.
Das Feuer lodert, „Wasser marsch",
das war der Schrei!
Der setzte alles Handeln frei.
Kein Wasser, kein Druck, alles vorbei.*

*Der Schaden war groß,
der Hausbesitzer mittellos.
Dass das nicht mehr passiert,
wurde das Wasserwerk auch technisch saniert.
Es hat seinen Wert für unsere Stadt,
die aber auch noch woanders Wasser hat.*

*Das ist nicht schlecht.
Gut ist immer, dass kein Schieber leckt.
Dass es so bleibt, und immer so ist.
Für jeden Fall und Fälle,
werte Stadtwerke, seid weiter so helle
und seid immer zur Stelle.*

Georg Rabe

Das ehemalige Filtergebäude vor der Sanierung

Das Pumpenhaus des Wasserwerks vor der Sanierung

In beiden Wasserfassungen werden derzeit je sieben Brunnen betrieben. Das Rohwasser gelangt mit Unterwassermotorpumpen, die zwischen 9 und 28 Meter tief in die Brunnen eingelassen sind, an die Oberfläche. Die Verteilung der Rohwasserförderung auf zwei unabhängige Wasserfassungen bietet für die Trinkwasserversorgung der Stadt ein hohes Maß an Versorgungssicherheit und Flexibilität im Havariefall. Beide Wasserfassungen sind vollautomatisch, haben je einen eigenen Energieanschluss und können über eine mobile Netzersatzanlage betrieben werden. Die Brunnen der Wasserfassung Schäfergraben (Bullerspring und Gesundbrunnen) gehen in Bohrtiefen von 43 bis 97 Meter unter Geländeoberkante und fördern mit einer installierten Pumpleistung von 406 Kubikmeter/Stunde.

Die sieben Brunnen der Wasserfassung Uckersee können auf Bohrtiefen von 32 bis 54 Meter unter Geländeoberkante verweisen. Ihre installierte Pumpleistung beträgt 300 Kubikmeter/Stunde. Das Rohwasser der beiden Wasserfassungen steht in ausgezeichneter Qualität zur Verfügung. Es muss nur für die Parameter Eisen, Mangan und Ammonium in der Trinkwasseraufbereitungsstufe des Wasserwerks aufbereitet werden.

Das vollständige Gelände des Wasserwerks

Reinwasserpumpen im Wasserwerk Prenzlau

Dazu werden die drei Parameter mit Hilfe von industriellem Sauerstoff oxidiert und über Einschichtkiesfilter in geschlossener Druckfiltration abgeschieden, sodass die Konzentration des aufbereiteten Reinwassers der Trinkwasserverordnung entspricht. Das Rohwasser durchläuft die Filter während der Aufbereitung von oben nach unten und tritt über den mit Filterdüsen bestückten Filterboden aus dem Filterbett wieder aus. Die Aufbereitungsanlage besteht aus fünf Filtern mit einem Durchmesser von drei Metern. Ein Filter hat ein Filterbettvolumen von ca. 25 Kubikmetern. Die maximale Aufbereitungsleistung liegt bei 70 Kubikmetern (Filter x h) und damit bei 350 Kubikmeter/Stunde und ca. 7.000 Kubikmeter/Tag.

Um jederzeit auf bestens aufbereitetes und ausreichendes Trinkwasser zurückgreifen zu können, erfolgt eine Zwischenspeicherung des Reinwassers in zwei unabhängig voneinander betriebenen Reinwasserbehältern. Mit einer Gesamtkapazität von immerhin 4.300 Kubikmetern bietet die Wasserversorgung Prenzlau damit eine ausreichende Speicherreserve, die derzeit dem 1,6-Fachen eines mittleren Tagesbedarfs entspricht.   >

Die neue Leitwarte des Wasserwerks in Prenzlau

Kinderattraktion auf dem Schautag 2009

Konzert im restaurierten Wasserturm

NOCH MEHR DENKMALPFLEGE AUF DEM BETRIEBSGELÄNDE

In den Jahren 2004 und 2005 wurden umfangreiche Baumaßnahmen zur Sicherung der noch vorhandenen Bausubstanz
und damit zur Erhaltung des Wasserturmes durchgeführt. Diese
wurden am 13. Mai 2005 abgeschlossen. Wie es auf der an einem Findling befestigten Tafel geschrieben steht, sucht dieser
Turm einen Nutzer. Die Stadtwerke Prenzlau beabsichtigen, die
gesicherten Reste des Wasserturms einer sinnvollen Nutzung
zuzuführen.

Der restaurierte Wasserturm in der Grabowstraße

Neue Strukturen für ein modernes Dienstleistungsunternehmen

Veränderungen für mehr Kompetenz

Schautag „110 Jahre Wasserwerk" am 20. Juni 2009 auf dem Gelände des sanierten Wasserwerkes

Um die Effektivität im Versorgungsunternehmen zu erhöhen, wurden in den Jahren 2004 und 2005 neue Strukturen geschaffen. Es erfolgte die Zusammenlegung der Bereiche Gas- und Trinkwassernetz unter der Leitung von Werner Gall. Die Wasserwerke blieben zunächst in der Verantwortung von Heinz Köppen, der seit 40 Jahren auf diesem Gebiet im Unternehmen tätig war. Ende des Jahres 2006 schied er aus dem Unternehmen aus und ging in den wohlverdienten Ruhestand.

ENERGIE FÜR MOBILE ZUKUNFT

Mitte der 1990er Jahre fanden Anlagen zur Nutzung von Sonnenenergie, Wind- und Wasserkraft, Biomasse und Erdwärme wachsendes Interesse. Es hatte sich die Auffassung durchgesetzt, dass diese regenerativen Energien gegenüber Kohle, Öl, Erdgas und Kernkraft einige Vorteile besitzen. Sie gelten als unerschöpflich und vergrößern das Energieangebot. Hinzu kam, dass ihre Nutzung die begrenzten Vorräte der fossilen Ressourcen schonte und ihre Nutzung als umweltfreundlich angesehen wird. ⟩

Windkraftanlagen in der Uckermark

Fördermaßnahmen der EU, des Bundes, der Länder und der Kommunen entwickelte sich zaghaft eine kleine Branche, die Technik zur Nutzung regenerativer Energien entwickelte und baute, die Energien ausbeutete und sie anschließend auf dem Markt anbot.

ÖKOLOGISCH VERNÜNFTIG, ÖKONOMISCH SINNVOLL

Zu den Fördermaßnahmen gehörte unter anderem das Stromeinspeisegesetz, das die Stromversorger verpflichtete, in ihrem Versorgungsgebiet erzeugte Elektroenergie zu hohen Preisen abzunehmen.

Trotz aller politisch gewollten Förderung lag der Anteil der erneuerbaren Energien an der bundesdeutschen Energiebedarfsdeckung Mitte der 1990er Jahre nur bei etwa 2 Prozent, allerdings mit steigender Tendenz. Der Startschuss für einen völlig neuen Bereich der Elektroenergieerzeugung war also gefallen. Die Stromproduktion aus

Dem gegenüber standen auch einige Nachteile wie die geringe Energiedichte, die überwiegend ungleichmäßige wetterabhängige Verfügbarkeit sowie die noch teure Technik. Infolgedessen und auch wegen der zum damaligen Zeitpunkt niedrigen Kohle- und Ölpreise waren die erneuerbaren Energien nur in Ausnahmefällen wettbewerbsfähig. Nur durch

Zertifizierung schafft Vertrauen. Im Bereich des Umweltschutzes erfüllen die Stadtwerke Prenzlau GmbH die gesetzlichen Vorgaben. Ein integriertes Qualitäts- und Umweltmanagement nach DIN EN ISO 9001 ff. und 14001 ff. wurde bereits im Jahre 2002 eingeführt und sichert auch in den kommenden Jahren die kontinuierliche Verbesserung der betrieblichen Abläufe und des Umweltschutzes in allen Geschäftsbereichen.

RAL - Anerkennungsverfahren Am 08.09.1988 ist auf Antrag der ATV (heute DWA) vom 11.01.1988 durch RAL – Deutsches Institut für Gütesicherung und Kennzeichnung e. V. - das Anerkennungsverfahren für die Gütegemeinschaft Herstellung und Instandhaltung von Entwässerungskanälen und -leitungen – Güteschutz Kanalbau eröffnet worden. Eine Eintragung des Zeichens in die Zeichenrolle Nr. 1158558 des Deutschen Patent- und Markenamtes mit Datum vom 08.05.1990 erfolgte gemäß § 6a des Warenzeichengesetzes. Die Stadtwerke Prenzlau sind im Besitz der Gruppen I und R.

Photovoltaikanlage auf dem Gebäude des Klärwerkes in Prenzlau

regenerativen Ressourcen ist nicht nur ökologisch vernünftig, sondern auch ökonomisch sinnvoll.

Durch die frühe Hinwendung zur Geothermie gab es in Prenzlau sehr günstige Bedingungen, den Ausbau der Anwendungen regenerativer Energien zu beschleunigen. Der Standort Prenzlau mit einem starken Anteil von Windkraftanlagen, mit einer Zunahme von Photovoltaikanlagen, dem Ausbau der Geothermie sowie der Klärgasproduktion entwickelte sich immer mehr zu einer Region der regenerativen Energien. Die Stadtwerke Prenzlau haben in diesem Prozess eine Schlüsselposition. Immer wieder gehen sie mit Versuchsanlagen und Pilotprojekten neue Wege, die beispielgebend für die Anwendung modernster alternativer Energien in der ganzen Region sind. Die

erste Photovoltaikanlage auf dem Dach eines Nebengebäudes am Verwaltungsstandort ist ein Pilotprojekt der Stadtwerke Prenzlau. Seit Juni 2005 wird mit den 28 Solarmodulen (38,58 Quadratmeter) mit einer Gesamtnennleistung von 4,9 Kilowatt-Peak (Spitzenleistung) Sonnenlicht in elektrische Energie umgewandelt. Die Anlage arbei-

tet mit Modulen in vier Reihen bei einem Neigungswinkel von 30 Grad (inkl. 7 Prozent Dachneigung) direkt nach Süden. Durch regelmäßige Untersuchungen des Anlagenertrags wird der wirtschaftliche Betrieb analysiert.

Die erzeugte Strommenge für 2009 betrug 4.981 Kilowattstunden. Das entspricht 129 Kilowattstunden je Quadratmeter Kollektorfläche und einem Wirkungsgrad von ca. 12–13 Prozent, bezogen auf die jährliche Einstrahlung. Im März 2007 kam eine zweite Anlage auf dem Dach des Betriebsgebäudes der Kläranlage hinzu. Hier bilden 80 Module vom Typ aleo S16-175 Watt-Peak mit einer Nennleistung von 14 Kilowatt-Peak eine Gesamtfläche von gut 110 Quadratmetern. 2009 erzeugte sie 12.731 Kilowattstunden, die in das Stadtwerke-Stromnetz eingespeist wurden. ❭

Photovoltaikanlage auf dem Werkstattgebäude der Stadtwerke

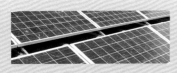

Das Herzstück einer Photovoltaikanlage ist die Solarzelle. Sie besteht in der Regel aus Silizium, das wiederum aus Quarzsand gewonnen wird. Um die Stromproduktion zu ermöglichen, erhalten die Siliziumscheiben eine Beschichtung, sodass jede Zelle eine positiv und eine negativ elektrisch leitende Seite besitzt. Treffen die Sonnenstrahlen auf die Solarzelle, entsteht eine elektrische Spannung, die Strom erzeugt. Um die Ausbeute zu erhöhen, werden mehrere Zellen zu Modulen zusammengeschaltet. Die einzelnen Module sind auf Aluminiumgestelle montiert, die ihrerseits auf den Dächern befestigt werden.

Karsten Buchholz (h.), Leiter des Informationswesens, mit dem Mitarbeiter Frank Zamzow

INTERAKTIVE DATENBANK SPART ZEIT UND WEGE

GIS steht für Geografisches Informationssystem. Ein solches System bringt enorme Vorteile für alle, die ständig auf Informationen über die „Beschaffenheit" von Stadt und Land über und dicht unter der Erde angewiesen sind. In dieses Kartensystem werden detailgetreu alle Flurstücke, Gebäude und Straßen sowie sämtliche Medien der Stadtwerke nach und nach eingearbeitet.

Mit GIS kann daher nicht nur gezeichnet werden, sondern die reale Welt kann durch die gleichzeitige Bearbeitung von beschreibenden Daten modell-

haft flächenbezogen dargestellt werden.

Das GIS hat eine zentrale Datenbank, in der notwendige Informationen erfasst werden. Seit 1998 nutzen auch die Stadtwerke Prenzlau sowie der NUWA ein solches Informationssystem. Vier Kollegen der Abteilung Informationswesen beschäftigen sich mit der Vermessung, Erfassung und Einarbeitung der insgesamt 1.100 Kilometer Leitungsnetze. Diese Leitungen sind über ein Auskunftsregime von den Mitarbeitern des technischen Bereiches einzusehen und werden für die tägliche Arbeit genutzt. Dazu gehören insbe-

sondere die Lage der Kabel und Leitungen, der Hausanschlüsse und der Einbauten sowie die Art der vorhandenen Straßenbefestigung. Ein Teil der historischen Lagepläne der Leitungen, Kanäle, Straßen etc. im Prenzlauer Stadtgebiet entsprachen nicht mehr den tatsächlichen Bedingungen. Mit derartigen Voraussetzungen fällt es auch dem besten Techniker schwer, insbesondere in Not- und Havarie-Situationen, schnell und unkompliziert die richtige Entscheidung zu treffen. Das Geografische Informationssystem wird durch den ständig steigenden Informationsgehalt kontinuierlich vervollständigt. Neben der grundsätzlichen Erfassung bestimmen die Pflege, Aktualisierung und Verwaltung der Daten die Arbeit, damit im Havarie-Fall bzw. bei Leitungsauskünften an Tiefbaufirmen und Planungsbüros schnell und so genau wie möglich Karten zur Verfügung stehen. Zur Ausstattung gehört ein modernes Vermessungsgerät mit GPS-Empfang, mit dem von einer Person Vermessungsarbeiten durchgeführt werden können.

MIT ENGAGEMENT FÜR DIE STADT

Die Stadtwerke Prenzlau bemühen sich seit Jahren um eine ausgewogene, stabile, preiswürdige Energieversorgung, wobei es Ziel des unternehmerischen Handelns ist, alle Kräfte und Erfahrungen zu bündeln, Investitionen rationell einzusetzen und die Energiebereitstellung optimal zu managen. Inzwischen sind die Stadtwerke gut positioniert, die Kundenberatung und -information konnte mit

Sven Lipinski (3. v. l.), Anika Schroeder (2. v. r.) und Roy Baumann (r.) auf dem „Tag der Berufe"

dem neuen Kundenzentrum verbessert werden. Die permanent durchgeführten Wartungs-, Sanierungs- und Modernisierungsmaßnahmen an den Versorgungsnetzen zeigen mit erhöhter Sicherheit deutlich Wirkung – so gewährleistet man schon viele Jahre in Folge eine kontinuierliche störungsfreie Versorgung aller Kunden in Prenzlau und Umgebung.

Hinzu kam, dass die Komplettierung des Erdgasversorgungsnetzes in den zu Prenzlau gehörenden Ortsteilen und Um-

Heike Prinz, Kundenberatung, Service

landgemeinden viele Jahre einen Investitionsschwerpunkt bildete. Mit großem Aufwand wurden zahlreiche Kilometer Gasleitungen verlegt sowie Gasmess-, Gasdruckregel- und Verteileranlagen errichtet. Erdgas ist kostengünstig und umweltfreundlich. Aus diesem Grund nutzen die Stadtwerke den Anschluss jeder neuen

Ortslage an das Erdgasnetz, um für den zukunftsträchtigen Energieträger zu werben. Mit dem symbolischen Abfackeln des ersten Erdgases feierten die Stadtwerker und die Bewohner in den Ortschaften jeweils den Anschluss an das Versorgungsnetz: 1998 in Mühlhof, 1999 in Röpersdorf, 2003 in Alexanderhof, Bündigershof und Wollenthin, 2004 in Dedelow und Steinfurth, 2005 in Schönwerder und Ellingen sowie 2006 in Seelübbe.

Die Ausbildung junger Menschen, die Unterstützung für den regionalen Sport, Aktivitäten zur Markteinführung der Erdgasmobilität – die Stadtwerke Prenzlau stehen einem breiten Engagement für die Stadt und deren Umgebung sehr aufgeschlossen gegenüber. 〉

Ausbildung

45 Jugendliche seit 1994

Berufe:
Bürokaufleute
Anlagenmechaniker
Heizungs- und Lüftungs-
bauer
Fachkraft für Wasserver-
sorgungstechnik
Fachkraft für Abwasser-
technik
Bachelor of Arts (Be-
triebswirt)
Elektroniker für Energie-
und Gebäudetechnik
Elektroniker für Betriebs-
technik
Bachelor of Engineering
Dipl.-Ing. für Versor-
gungs- und Umwelt-
technik
Dipl.-Ing. für Straßen-,
Ingenieur- und Tiefbau

Studentin Anne Töpke (r.) im kaufmännischen Bereich mit Mitarbeiterin Silke Schmidt

Die Stadtwerke steuern ganz bewusst einen Kurs, ausgewählte finanzielle Mittel gezielt einzusetzen, um Kunst, Kultur und Sport zu unterstützen und für die Stadt zu erhalten. Neben der Leistung von Steuern, Konzessionsabgaben sowie Investitionen in eine zuverlässige und moderne Infrastruktur stellen sich die Stadtwerke damit als kommunales Unternehmen fortlaufend der Verantwortung zur Entwicklung des städtischen kulturellen und sportlichen Lebens. Auch in Zukunft ist es das Ziel, entsprechend der Möglichkeiten daran festzuhalten.

Die Berufsausbildung ist seit der Neugründung der Stadtwerke ein fester Bestandteil der Unternehmenspolitik. Als relativ kleines Unternehmen, mit unter 100 Beschäftigten, nahm und nimmt das Unternehmen seine Verantwortung in der Region war und bildet jährlich drei bis vier junge Menschen aus, unter anderem Anlagenmechaniker für Versorgungstechnik,

Elektroniker für Betriebstechnik sowie Bürokauffrauen/-männer. Einerseits helfen die Stadtwerke dadurch mit, den hohen Lehrstellen- und Ausbildungsplatzbedarf zu decken und jungen Menschen aus der Region mit einer fundierten Ausbildung die Chance für einen gelungenen Start ins Berufsleben zu bieten. Andererseits ist auch seitens der Stadtwerke das Interesse an gut ausgebildeten Fachkräften als Potenzial für den eigenen Nachwuchs nicht unerheblich. Nur wer in die Ausbildung junger Leute investiert, seine Erfahrungen vermittelt, seine Ansprüche formuliert und Schwerpunkte setzt, kann im Bedarfsfall in einigen Jahren davon profitieren und auf umfassend qualifizierte sowie hoch motivierte Facharbeiter zurückgreifen. Heute Ausbildungskosten sparen und morgen den Fachkräftemangel beklagen, das passt nicht zusammen, wer weiter denkt, bildet aus und bietet damit jungen Menschen die Chance auf eine berufliche Perspektive.

BEIM HÜGEL-MARATHON DABEI

Seit der Neugründung der Stadtwerke Prenzlau ist es das Anliegen des Unternehmens, sich aktiv für die Förderung von Kultur, Bildung und Sport einzusetzen. Dabei spielt die Förderung des naturverbundenen Radsports eine besondere Rolle. Mit dem Engagement beim Hügelmarathon haben die Stadtwerke in Zusammenarbeit mit dem PSV Uckermark e. V. ein attraktives Sportereignis in der Stadt Prenzlau etabliert. Einmal jährlich, Anfang Oktober treffen sich etwa 500 bis 800 Teilnehmer, um einen gemeinsamen Tag auf dem Rad in der Natur, auf den Straßen der Uckermark – auch die Toskana des Nordens genannt – zu verbringen. Der Prenzlauer Hügelmarathon ist eine RTF (RadTourenFahrt), also kein Rennen. Es wird vom Veranstalter keine Zeit genommen. Die mitlaufende Digitaluhr ist nur ein zusätzlicher Service für Wartende und Zuschauer.

Radsportler bei Wrechen in Richtung Fürstenwerder unterwegs

Die Uckerseelöwen auf dem Uckersee – hier beim Training für das nächste Drachenbootrennen

Die Veranstaltung findet bei jedem Wetter statt und bietet allen Teilnehmern die Möglichkeit, sich von den Schönheiten und Vorzügen der Region vor Ort zu überzeugen.

enschauspiel Deutschlands – dem Prenzlauer Historienspektakel sowie mit einem eigenen Team – den Uckerseelöwen – bei Drachenbootrennen.

DIE STADTWERKE PRENZLAU – EIN STARKES TEAM

Der historische Rückblick zeigt, wie eng die Geschichte des Unternehmens mit den allgemeinen politischen, sozialen und wirtschaftlichen Entwicklungen der Stadt verknüpft ist. Stets setzte Prenzlau den äußeren Rahmen, das Bezugsfeld, für die Stadtwerke bei der Erfüllung ihrer Aufgaben. Als privatwirtschaftlich strukturiertes Unternehmen musste der kommunale Energieversorger in eigener Verantwortung weitreichende technische und energiepolitische Entscheidungen treffen. ›

Auch nach dem Berufsleben gehören ehemalige Stadtwerker zum Team – die Weihnachtsfeier ist jedes Jahr ein besonderes Ereignis.

Alle Teilstrecken weisen ein stark gegliedertes, welliges Profil auf. Der typische Endmoränen-Charakter der Uckermark garantiert zahlreiche Höhenmeter. Auf einigen Streckenabschnitten erwarten die Sportler kurze kräftige Anstiege teilweise mit über 8 Prozent Steigung. Bei einigen Ortsdurchfahrten sind Kopfsteinpassagen zu bewältigen, die aber selten länger als 200 Meter sind. Alle Teilstrecken führen quer durch eine wald- und seenreiche Landschaft.

Des Weiteren engagieren sich die Stadtwerke Prenzlau beim alljährlich stattfindenden größten Lai-

Das Prenzlauer Historienspektakel

Festumzug am 12. Juli 2009 zur 775-Jahrfeier in Prenzlau

Das hatte oft auch Konsequenzen für Arbeitsplätze, Umweltschutz und Stadtentwicklung. Die Versorgung mit Wasser, Erdgas, Elektrizität und Wärme berührt unzählige Lebensbereiche einer Stadt, sodass die Aktivitäten der Stadtwerke auch immer im öffentlichen Interesse liegen.

Seit der Neugründung der Stadtwerke hat das Unternehmen etwa 60 Millionen EUR investiert. Die Aufwendungen kamen der Instandhaltung und Modernisierung der regionalen Infrastruktur zugute. Damit den Bürgern der Stadt immer kontinuierlich Trinkwasser und Energie bereitgestellt wird, stehen die Stadtwerke mit ihrem Versorgungs-Knowhow zuverlässig an der Seite der Kunden. Mit maßgeschneiderten Angeboten aus einer Hand sind sie ganz nah am Verbraucher dran. Als Kunde der Stadtwerke macht man keine Kompromisse in puncto Qualität und Sicherheit. Seit Bestehen des Unternehmens waren kompetente und motivierte Mitarbeiter die grundlegende Voraussetzung dafür, technische und unternehmerische Innovationen zu verwirklichen. Die etwa 85

Erik Pesler

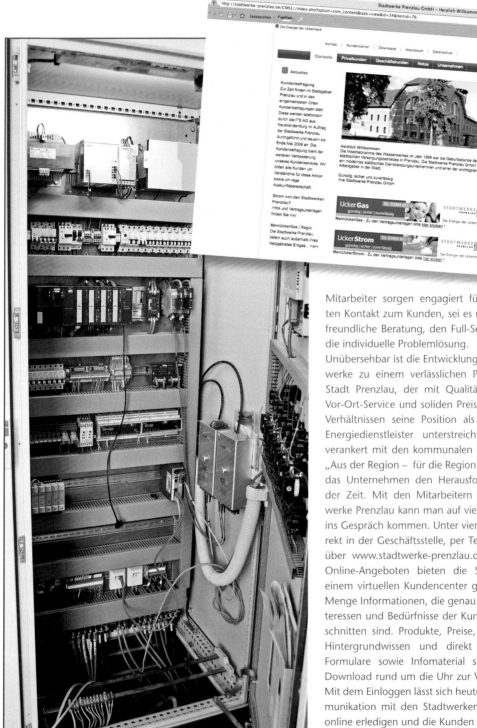

Schaltschrank in der Leitwarte des Wasserwerkes Prenzlau

Mitarbeiter sorgen engagiert für den guten Kontakt zum Kunden, sei es nun für die freundliche Beratung, den Full-Service oder die individuelle Problemlösung.

Unübersehbar ist die Entwicklung der Stadtwerke zu einem verlässlichen Partner der Stadt Prenzlau, der mit Qualität, starkem Vor-Ort-Service und soliden Preis-Leistungs-Verhältnissen seine Position als moderner Energiedienstleister unterstreicht. Zutiefst verankert mit den kommunalen Gedanken: „Aus der Region – für die Region" stellt sich das Unternehmen den Herausforderungen der Zeit. Mit den Mitarbeitern der Stadtwerke Prenzlau kann man auf vielen Wegen ins Gespräch kommen. Unter vier Augen direkt in der Geschäftsstelle, per Telefon oder über www.stadtwerke-prenzlau.de. In den Online-Angeboten bieten die Stadtwerke einem virtuellen Kundencenter gleich, jede Menge Informationen, die genau auf die Interessen und Bedürfnisse der Kunden zugeschnitten sind. Produkte, Preise, Beratung, Hintergrundwissen und direkt abrufbare Formulare sowie Infomaterial stehen per Download rund um die Uhr zur Verfügung. Mit dem Einloggen lässt sich heute die Kommunikation mit den Stadtwerken komplett online erledigen und die Kunden profitieren vom schnellen modernen Service. 〉

Harald Jahnke (r.), Geschäftsführer der Stadtwerke Prenzlau, hier im Gespräch mit dem Ministerpräsidenten des Landes Brandenburg Matthias Platzeck.

Ralf-Dietmar Bröcker, Technischer Leiter, ist für alle Versorgungszweige zuständig.

Werner Gall betreut als Abteilungsleiter TGW die technischen Netze Gas und Wasser, das Wasserwerk sowie die Wasserwerke des NUWA.

Gerd Wilke, Bereich Investitionen/Bauleitung, ist maßgeblich verantwortlich für die Betreuung des NUWA.

Stefanie Sprung sorgt als Sekretärin der Geschäftsleitung für den Aufbau einer modernen Teamassistenz.

Maria Barsuhn, Mitarbeiterin Abrechnung/Service, ist für Lieferantenwechsel Strom/Gas zuständig sowie für die Abrechnung der Strom- und Gaskunden außerhalb des Gas- bzw. Stromnetzes der Stadtwerke Prenzlau GmbH.

Thomas Eichmann lernte von 1999 bis 2003 Elektrotechniker und absolvierte ein zusätzliches Studium „Bachelor of Engineering".

Eckhard Linde (r.), Leiter Material/Einkauf, verantwortet die Materialbeschaffung und Lagerung. Er organisiert den Fuhrpark der Stadtwerke und zahlreiche Veranstaltungen. Hier mit seinem Mitarbeiter Jürgen Grützner.

Jörn Töpke (M.), Controller, Leiter der EDV und Energiewirtschaft, verantwortet das Controlling, die strategische Unternehmensentwicklung unter den Bedingungen der Liberalisierung der Energiemärkte und die Neuausrichtung der EDV auf die gewachsenen Anforderungen aus der Energiemarktliberalisierung. Hier gemeinsam mit seinen Mitarbeitern Andy Stoll (l.) und Susanne Gebhardt (r.).

Sylvia Nehls, Kaufmännische Leiterin, hat den Überblick über die Abrechnung/Service, das Mahnwesen, Material/Einkauf, die Finanzbuchhaltung und Lohn/Kasse.

Richard Stutzke (l.), Leiter der Fernwärme, hat den Aufbau der gesamten Fernwärme vollzogen. Hier mit dem Mitarbeiter Simon Kutzner.

René Otto (r.), Leiter Verkauf/Vertrieb, hat den Vertrieb für Gas/Strom außerhalb des firmeneigenen Netzgebietes aufgebaut. Hier im Gespräch mit Frank Arndt.

Im Sinne eines schonenden Umgangs mit unserer Umwelt unterliegen alle unternehmerischen Anstrengungen, insbesondere im Bereich der Energieversorgung, dem Grundsatz, mit kleinstmöglicher Umweltbelastung aus den eingesetzten Rohstoffen maximale Leistungen zu erzielen.

WETTBEWERB ALS CHANCE

Am 20. Dezember 1996 wurde die seit Ende der 1980er Jahre diskutierte EU-Richtlinie für mehr Wettbewerb auf dem europäischen Strommarkt endgültig verabschiedet. Entsprechend der üblichen Prozedur bis zum Inkrafttreten stand die Aufgabe, diese Richtlinie bis 1999 in nationales Recht umzusetzen. Dazu musste der Markt stufenweise geöffnet werden. Die 1998 verabschiedete Energierechtsnovelle, die das Energiewirtschaftsgesetz von 1935 ablöste, schuf die Voraussetzungen für wettbewerbliche Strukturen in der Energiewirtschaft. Nach einem Jahrhundert Strom- und Gasmonopol zog dieser grundlegende Wandel umfassende Änderungen und Anpassungen nach sich. Diese Liberalisierung ist ein Meilenstein in der Energieversorgung. Im liberalisierten Energiemarkt unterliegt ein möglichst großer Teil der Lieferkette der leitungsgebundenen Energieversorgung mit Strom und Gas dem freien Wettbewerb. Dies eröffnet den Kunden die Chance einer marktgerechten Versorgung zu günstigeren Konditionen, denn Liberalisierung heißt freie Wahl des Energielieferanten. Basierend auf dem Wettbewerb mehrerer Anbieter bringt sie allen Kunden – ne-

Psychatrische Tagesklinik in der Freyschmidtstraße

ben der Freiheit, den Strom- bzw. Gaslieferanten zu wechseln, – neue Produkte, mehr Dienstleistung und vor allem besseren Service.

Die Benutzung der Energienetze ist allen Energiehändlern diskriminierungsfrei zu gestatten. Dazu sind Netz- und Energiehandel in den Energieversorgungsunternehmen strikt voneinander zu trennen. Doch die Liberalisierung des Energiemarktes bedeutet für ein Energieversorgungsunternehmen nicht nur Chancen. Die mögliche Abwanderung von Kunden birgt gleichzeitig Risiken. Um diesen Risiken zu begegnen, liegt es nahe, neue Geschäftsfelder zu erschließen.

NEUE GESCHÄFTSFELDER

Die Stadtwerke Prenzlau entschlossen sich 2007 neben der Energieversorgung weitere Dienstleistungs- und Geschäftsfelder zu eröffnen. Seit dem 2. Juni 2007 bietet der Kabel Service Prenzlau (KSP) die Möglichkeit, Fernsehversorgung, Internetzugang und Telefonie über einen Anschluss

Satelitenanlage auf dem Dach eines Stadtwerkegebäudes

Blockheizkraftwerk im Heizhaus Friedhofstraße

zu realisieren. Der ist vor allem für den Empfang von International TV in bester digitaler Bild- und Tonqualität direkt über einen Kabelanschluss interessant. Die Anzahl der Kunden steigt ständig an. Allein innerhalb des Jahres 2009 konnten über 700 Kunden gewonnen werden.

Im Jahre 2009 kam die Immobilienbewirtschaftung hinzu. So konnte die „Gesellschaft Leben und Gesundheit" als Mieter des zum historischen Gebäudekomplexes gehörenden Wohnhauses gewonnen werden. Aus dem Gebäude mit acht Wohnungen entstand eine Tagesklinik für die psychiatrische Behandlung von Patienten aller Altersklassen. Insgesamt entstanden 12 Erwachsenensowie 8 Kinder- und Jugendlichenbehandlungsplätze. Das Gebäude wurde in kürzester Zeit umgebaut und die schöne Fassade unter Beachtung des Denkmalschutzes wieder hergerichtet. Eine besondere Herausforderung stellte unter denkmalpflegerischen Aspekten der Einbau des Aufzugs dar. Seit 11. September 2009 ist die psychiatrische Tagesklinik eröffnet.

Alle Versorgungsleistungen aus einer Hand

Seit dem 1. Dezember 2008 bieten die Stadtwerke Prenzlau mit dem „UckerStrom" wieder alle Versorgungsleistungen aus einer Hand an. Es ist dem Unternehmen im zurückliegenden Jahr erneut gelungen, die vorhandenen Gebiete der Geschäftstätigkeit erfolgreich zu entwickeln und Neues hinzuzufügen. Die positive Resonanz auf diesen Schritt wird besonders daran deutlich, dass innerhalb weniger Monate mehr als 2.000 Kunden den Wechsel zum städtischen Energieversorger vollzogen.

Das Stromangebot ist das jüngste Geschäftsfeld der Stadtwerke. Dennoch gehört der Stromsektor zu den traditionellen Geschäftsbereichen des Unternehmens, denn bereits seit 1909 bis zur Verstaatlichung unter dem Dach des VEB Energiekombinat Neubrandenburg versorgten die Städtischen Gas-, Elektrizitäts- und Wasserwerke Prenzlau die Stadt mit Strom, gehörte ihnen das Versorgungsnetz und bildeten sie ihren Elektroinstallateur-Nachwuchs aus. ❯

Wir erinnern uns, nach der Wende teilten sich die großen Stromkonzerne die vorhandenen Versorgungsnetze kurzerhand auf. Zwar klagten viele Städte, so auch Prenzlau, erfolgreich gegen diese Praxis, doch da Prenzlau 1991 noch kein eigenes Stadtwerk oder vergleichbare Versorgungsstrukturen gebildet hatte, beließ man das Stromnetz mit einem 20-jährigen Konzessionsvertrag bei der Energieversorgung Müritz-Oderhaff (EMO).

Obwohl die Stadtwerke Prenzlau seit der Neugründung im Jahre 1993 stets als Stromerzeuger aktiv waren und über innovative Stromerzeugungstechnik verfügen, bildeten bisher diese Stromangebote nur einen marginalen und vor allem regional begrenzten Anteil am Energieangebotsspektrum. So betreibt das städtische Unternehmen im Stadtgebiet vier umweltfreundliche Blockheizkraft-

werke zur Erzeugung von Fernwärme und Strom. Zwei Anlagen gehören zur Abteilung Fernwärme und arbeiten im Heizhaus Georg-Dreke-Ring sowie im Heizhaus Friedhofstraße. Beide Kraftwerke der Firma Buderus mit MAN-Motoren können jeweils auf eine elektrische Leistung von 50 Kilowattstunden und eine thermische Leistung von 75 Kilowattstunden verweisen und funktionieren in effizienter Kraft-Wärme-Kopplungs-Technologie. Die elektrische Arbeit kommt der Eigenenergienutzung zugute, der Überschuss wird in das Stromnetz eingespeist. Die Wärmearbeit dient zu 100 Prozent der jeweiligen Fernwärmeversorgung. Über innovative Stromerzeugungstechnik verfügen die Stadtwerke auch auf ihrem Betriebsgelände in der Freyschmidtstraße. Dort betreiben sie zwei Photovoltaik-Anlagen, außerdem zwei weitere Blockheizkraftwerke, die mit Klärgas aus der nebenan gelegenen Kläranlage

Für Kinder gibt es an den Schautagen der Stadtwerke immer Spannendes zu entdecken

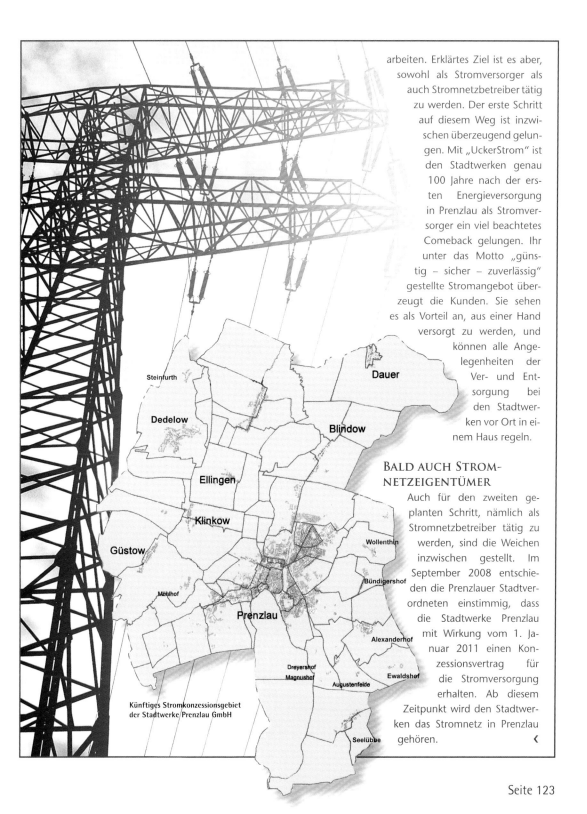

Künftiges Stromkonzessionsgebiet
der Stadtwerke Prenzlau GmbH

arbeiten. Erklärtes Ziel ist es aber, sowohl als Stromversorger als auch Stromnetzbetreiber tätig zu werden. Der erste Schritt auf diesem Weg ist inzwischen überzeugend gelungen. Mit „UckerStrom" ist den Stadtwerken genau 100 Jahre nach der ersten Energieversorgung in Prenzlau als Stromversorger ein viel beachtetes Comeback gelungen. Ihr unter das Motto „günstig – sicher – zuverlässig" gestellte Stromangebot überzeugt die Kunden. Sie sehen es als Vorteil an, aus einer Hand versorgt zu werden, und können alle Angelegenheiten der Ver- und Entsorgung bei den Stadtwerken vor Ort in einem Haus regeln.

BALD AUCH STROM-NETZEIGENTÜMER

Auch für den zweiten geplanten Schritt, nämlich als Stromnetzbetreiber tätig zu werden, sind die Weichen inzwischen gestellt. Im September 2008 entschieden die Prenzlauer Stadtverordneten einstimmig, dass die Stadtwerke Prenzlau mit Wirkung vom 1. Januar 2011 einen Konzessionsvertrag für die Stromversorgung erhalten. Ab diesem Zeitpunkt wird den Stadtwerken das Stromnetz in Prenzlau gehören. ‹

Ansicht von der Bahn

1859
18. Februar – Inbetriebnahme des Gaswerkes am unteren Kietz durch die Allgemeine Gas-Aktien-Gesellschaft zu Magdeburg (Kietzstraße, heute Standort Pestalozzischule)

1899
20. Juni – Inbetriebnahme des Wasserwerkes Schwedter Straße (erster städtischer Betrieb – Gründung der Prenzlauer Stadtwerke)

1907
Anfang des Jahres 1907 Übernahme des Gaswerkes und der Gas-Straßenbeleuchtung durch die Stadt Prenzlau nach 48 Betriebsjahren von der Allgemeinen Gas-Aktien-Gesellschaft zu Magdeburg.
Ab dieser Zeit wird von städtischen Werken gesprochen.

1908
November – Inbetriebnahme des neu errichteten Gaswerkes

1909
Frühjahr – Inbetriebnahme des Elektrizitätswerkes in der Freyschmidtstraße

1911–1915
Errichtung der zentralen Entwässerung im Stadtgebiet im getrennten System für Regen- und Schmutzwasser

1914
Inbetriebnahme des Prenzlauer Klärwerkes am heutigen Standort, nordwestlich, weit außerhalb der Stadt

1918
Errichtung der Straßenentwässerung der Schwedter Straße in „Notstandsarbeit"

1920
Errichtung und Betrieb der Städtischen Badeanstalt am heutigen Standort mit einem Sprungturm, der auf alten Behältern aus dem Gaswerk Kietzstraße errichtet wurde, die heute noch im Einsatz sind

1926
13. März – Inbetriebnahme eines neuen größeren Gasofens, danach besondere Propagierung für die Gasanwendung in allen Bereichen

1934
Errichtung eines Kundenbüros am Oberen Markt, intensive Werbung für die Leistungen der Stadtwerke mit einem neuen Logo

1943
Errichtung Brunnenanlage am Unteruckersee gegenüber dem Stadion

1945
Ab 18. Mai – Wiederaufnahme des eingeschränkten Betriebes der Gas-, Strom- und Wasserversorgung

1949
30. Juni – Auflösung der Stadtwerke

1. Juli – Gründung des KWU, Kommunales Wirtschaftsunternehmen, der Stadt Prenzlau

1951

1. Juli – Ausgliederung E-Werk und Gründung des VEB (K) Gas- und Wasserwerk, die Stromversorgung erfolgte über zentrale Energieversorger

1953

1. Januar – Trennung des Gas- und Wasserbereiches, die Gasversorgung erfolgte jetzt über Pasewalk, die Wasserversorgung durch den gegründeten VEB (K) Wasserwirtschaftsbetrieb der Stadt Prenzlau, Abt. Wasserwerk und Kläranlage

1965

VEB Wasserversorgung und Abwasserbehandlung Neubrandenburg, Ingenieurbereich Prenzlau

1971

VEB Wasserversorgung und Abwasserbehandlung – WAB-Neubrandenburg, Versorgungsgebiet Templin, Produktionsbereich Wasser, Prenzlau

1982

VEB Wasserversorgung und Abwasserbehandlung – WAB-Neubrandenburg, Versorgungsbereich Prenzlau

1990

Neubrandenburg Wasser AG, Kreisdirektion Prenzlau

1993

Neubrandenburg Wasser AG, Kreisdirektion Prenzlau, in Liquidation

1993

28. Juli – Neugründung der Stadtwerke Prenzlau GmbH, mit den Bereichen:
· Trinkwasser,
· Abwasser, Kanalnetz,
· Fernwärme (Übernahme von der Wohnbau GmbH)

1994

1. Januar – eigentlicher Betriebsbeginn der Stadtwerke mit Kunden

1993–1996

Vollkommene Erneuerung der Kläranlage bei laufendem Betrieb

1995

1. Oktober – Übernahme der Gasversorgung von der Ostmecklenburgischen Gasversorgung GmbH (OMG)

1998

27. August – Vertragsunterzeichnung mit OMG

1999

20. Juni – Feier zum 100-jährigen Bestehen des Prenzlauer Wasserwerkes

29. Oktober – Erweiterung der Erdgasversorgung, Anfackeln in Röpersdorf

November – Umzug der Verwaltung der Stadtwerke Prenzlau vom Wasserwerk Schwedter Straße in das sanierte Reinigergebäude im ehemaligen Gaswerk in der Freyschmidtstraße, das zu einem modernen Bürokomplex umgestaltet wurde

2000

1. Januar – Die Umstellung aller computergesteuerten Betriebssysteme auf das neue Jahrtausend lief erfolgreich ohne Störungen

August – Abschluss der vorzeitigen Reparatur der großen Belebungsbecken in der Prenzlauer Kläranlage durch Austausch der defekten Belüftungsmembranen

Urkunde „Güteschutz Kanalbau", Gruppe: R

2002

24. Mai – Übergabe der TÜV Zertifikate für das integrierte Qualitäts- und Umweltmanagement nach DIN EN ISO 9001

3. Juli – Unterzeichnung des Gaskonzessionsvertrages mit der Gemeinde Oberuckersee für die Orte Seehausen, Blankenburg, Warnitz und Quast

2003

21. Juni – Eröffnung Erdgastankstelle in Prenzlau bei Tankstelle Glaser und Inbetriebnahme des eigenen Erdgasfahrzeugs der Stadtwerke „Ford Focus"

24. Juni – Inbetriebnahme des Stadtwerke-Drachenbootes

28. Juli – Hoffest 10 Jahre Neugründung Stadtwerke Prenzlau

22. Oktober – Anschluss an das zentrale Erdgassystem der Stadtwerke Prenzlau, 1. Fackel in Alexanderhof, Bündigershof und Wollenthin

2004

8. März – Anschluss an das zentrale Erdgassystem der Stadtwerke Prenzlau: 1. Fackel in Dedelow und Steinfurth

27. Juli – Bekanntgabe der Verlängerung des Betriebsführungsvertrages mit dem NUWA bis 2012

16. August – Beginn der Erweiterung der Fäkalannahmestation mit Hilfe von Fördermitteln, die durch den Minister Birthler überreicht wurden

Stilllegung des Wasserwerkes II am Höftgraben aus wirtschaftlichen Gründen

Beginn der Sanierung im Wasserwerk I Goethestraße und Rückbau aller nachträglich errichteten Gebäude, Beginn der Rekultivierung der Außenanlagen

2005

2. Juni – Herstellung der Grünanlagen am Wasserturm durch eigene Mitarbeiter

2.–3. September – erste Energiemesse – Stadtwerke sind Mitinitiator

1. Oktober – Erster Hügelmarathon

10. November – Anschluss an das zentrale Erdgassystem der Stadtwerke Prenzlau, 1. Fackel in Schönwerder und Ellingen

Verlegung des 1. Abschnitts Trinkwasserleitung Richtung Grünow/Schmölln

2006

5. Mai – Einweihung des Einlaufgebäudes der Kläranlage nach Umbau, sodass die mobile Entsorgung durch NUWA und Stadtwerke ordnungsgemäß erfolgen kann – mit Staatssekretär Dietmar Schulze

27. September – Besuch einer Delegation aus Südkorea – Information über erneuerbare Energien, Klärgasnutzung und Geothermie

Alles kommt vom Wasser
und alles wird
vom Wasser erhalten.

11. September – Tag des offenen Denkmals: Restaurierter Wasserturm wird für zwei klassische Konzerte genutzt

3. November – Anschluss an das zentrale Erdgassystem der Stadtwerke Prenzlau, 1. Fackel in Seelübbe

3. November – Urkunde von der IHK „In Anerkennung des 10-jährigen Engagements der Stadtwerke Prenzlau GmbH für die duale Berufsausbildung"

2007
Erweiterung der Fernwärmetrasse in Zusammenarbeit mit der Firma Agri Capital – 1. Abschnitt von Biogasanlage bis Thomas-Müntzer-Platz

Reparatur am Klärbecken während des laufenden Betriebes

2008
24. April – Bewerbung der Stadt Prenzlau für die Landesgartenschau 2013 (LAGA)

Mai – Neubau der Trinkwasserleitung Potzlow

Mai – Neuherstellung der Anschlussleitung zu den Brunnen in Prenzlau

2. Juni – Zertifizierung des Unternehmens nach DIN EN ISO 9001:2000 sowie DIN EN ISO 14001: 2005

September – Bestätigung Stromkonzession

1. Dezember – Beginn der Belieferung mit Strom für Kunden

22. Dezember – bereits 100. Stromkunde

Erweiterung der Fernwärmetrasse in Zusammenarbeit mit der Firma Agri Capital – 2. Bauabschnitt Thomas-Müntzer-Platz über Durchbruch bis Stadtmitte

2009
12. Februar – 500. Stromkunde

6. März – Vertragsunterzeichnung mit der GLG-Tagesklinik

9. Juni – 1000. Stromkunde

20. Juni – Schautag „110 Jahre Wasserwerk"

7. Juli – Auszeichnung der IHK „Unternehmen mit ausgezeichneter Berufsorientierung"

12. Juli – Prenzlau feiert das 775. Jubiläum der Stadtgründung, am Festumzug beteiligten sich zahlreiche Mitarbeiter der Stadtwerke

17. August – Annahme des Inhalts von Chemietoiletten auf der Kläranlage

11. September – Schlüsselübergabe und Einweihung Tagesklinik

November bis Dezember – Neuinstallation von BHKWs auf der Kläranlage (kleiner, kompakter – genauso leistungsfähig)

IMPRESSUM:

Prenzlauer Lebensadern: 110 Jahre kommunale Versorgung in Prenzlau /
Petra Domke – Fredersdorf: Kulturbild Verlag Markus Hoeft, 2010
ISBN 10: 3-933300-02-9
ISBN 13: 978-3-933300-02-7

Die Deutsche Nationalbibliothek verzeichnet diese Publikation in der Deutschen Nationalbi-
bliografie; detaillierte bibliografische Daten sind im Internet über http://dnb.d-nb.de abrufbar.

Herausgeber:
Stadtwerke Prenzlau GmbH
Freyschmidtstraße 20
17291 Prenzlau
Tel.: 03984 853-0
www.stadtwerke-prenzlau.de

Verlag:
Kulturbild Verlag Markus Hoeft, Fredersdorf

Autorin, Produktionsleitung:
Petra Domke unter Verwendung von Archivmaterial
der Stadtwerke Prenzlau GmbH
www.mein-privatbuch.de

Bildnachweis:
Archiv der Stadtwerke Prenzlau GmbH, Archiv der Stadt Prenzlau, Archiv Kulturbild Verlag,
Domke, Hasskarl, Kovernjaga, Lindemann, Lüdtke, Prenzlau-Online.de, Repro W.-W. Haensch,
Sammlung Köppen, Sammlung Grauer, Sammlung Grewe, Schulz

Satz, Gestaltung, Bildbearbeitung:
Petra Lindemann
www.plus-kommunikation.de

Druck:
Tastomat Druck GmbH
www.tastomat.de

Die Stadtwerke Prenzlau bedanken sich für die Unterstützung bei:
Günter Bade, Jörg Busse, Helge Gluth, Mirl Grauer, Jörg Haase,
Dr. Helaman Krause, Manfred Meschkat, Eckerhardt Raddy, Jörg Radmann,
Jürgen Schulz, Heinz Spanehl, Jürgen Theil

September 2010